Jens Clausen · Harald Hahn · Markus Runge (Hrsg.)

Das Kieztheater
Forum und Kommunikation für den Stadtteil

BERLINER SCHRIFTEN ZUM THEATER DER UNTERDRÜCKTEN

Herausgegeben von Harald Hahn

ISSN 1863-2106

1   *Anne Dirnstorfer*
    Forumtheater in den Straßen Nepals
    Emanzipation jenseits des Entwicklungsdiskurses?
    ISBN 3-89821-665-9

2   *Thomas Haug*
    'Das spielt (k)eine Rolle!'
    Theater der Befreiung nach Augusto Boal als Empowerment-Werkzeug im Kontext von Selbsthilfe
    ISBN 3-89821-486-9

3   *Till Baumann*
    Von der Politisierung des Theaters zur Theatralisierung der Politik
    Theater der Unterdrückten im Rio de Janeiro der 90er Jahre
    Zweite, überarbeitete Auflage
    ISBN 3-89821-486-9

4   *Jens Clausen, Harald Hahn, Markus Runge (Hrsg.)*
    Das Kieztheater
    Forum und Kommunikation für den Stadtteil
    ISBN 978-3-89821-985-3

Der Reihenherausgeber:
Harald Hahn (Jg. 1966) wohnt in Berlin und ist freiberuflicher Radio- und Theatermacher mit Schwerpunkt "Theater der Unterdrückten", er nimmt außerdem Lehraufträge an Universitäten und Fachhochschulen wahr. Der Herausgeber steht darüber hinaus auf der Bühne mit dem Gesangsprojekt HERZKASPER.
Kontakt: www.harald-hahn.de

Jens Clausen · Harald Hahn · Markus Runge (Hrsg.)

Das Kieztheater

Forum und Kommunikation für den Stadtteil

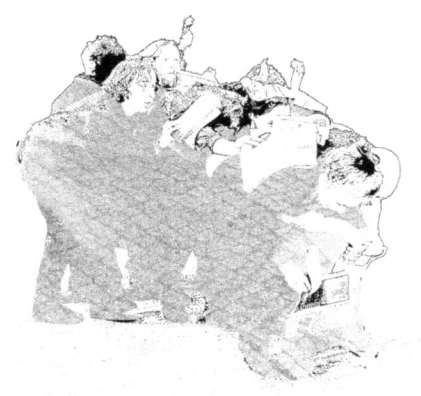

ibidem-Verlag
Stuttgart

Bibliografische Information der Deutschen Nationalbibliothek
Die Deutsche Nationalbibliothek verzeichnet diese Publikation in der
Deutschen Nationalbibliografie; detaillierte bibliografische Daten sind im
Internet über http://dnb.d-nb.de abrufbar.

Bibliographic information published by the Deutsche Nationalbibliothek
Die Deutsche Nationalbibliothek lists this publication in the Deutsche Nationalbibliografie;
detailed bibliographic data are available in the Internet at http://dnb.d-nb.de.

∞

Gedruckt auf alterungsbeständigem, säurefreien Papier
Printed on acid-free paper

ISSN: 1863-2106

ISBN-10: 3-89821-985-2
ISBN-13: 978-3-89821-985-3

© *ibidem*-Verlag
Stuttgart 2009

Alle Rechte vorbehalten

Das Werk einschließlich aller seiner Teile ist urheberrechtlich geschützt. Jede Verwertung außerhalb der engen Grenzen des Urheberrechtsgesetzes ist ohne Zustimmung des Verlages unzulässig und strafbar. Dies gilt insbesondere für Vervielfältigungen, Übersetzungen, Mikroverfilmungen und elektronische Speicherformen sowie die Einspeicherung und Verarbeitung in elektronischen Systemen.

All rights reserved. No part of this publication may be reproduced, stored in or introduced into a retrieval system, or transmitted, in any form, or by any means (electronic, mechanical, photocopying, recording or otherwise) without the prior written permission of the publisher. Any person who does any unauthorized act in relation to this publication may be liable to criminal prosecution and civil claims for damages.

Printed in Germany

Inhaltsverzeichnis

Vorwort	7
Grußwort	8
Einleitung	10
Wie das Kieztheater in die Stadtteilarbeit kam Markus Runge	14
Streitgespräch Teil 1: Konkurrenz und Diskurs Jens Clausen und Harald Hahn	18
Fragen zum Forumtheater - Über das eindimensionale Denken und den „Souverän", das Publikum Jens Clausen und Harald Hahn	24
Streitgespräch Teil 2: Gesellschaft und Kreativität Jens Clausen und Harald Hahn	30
Vom Theater im Kiez zum Kieztheater Jens Clausen und Harald Hahn	38
Die Moderation und die Rolle des Jokers im Kieztheater Jens Clausen und Harald Hahn	64
Das erste Mal als Joker Kristina Rahe	76
Glossar	80
Kieztheater Kreuzberg – bleibende Eindrücke Tanja Pfefferlein	84

Inhalt

Aktive Verbindungen mit der Wirklichkeit eingehen
und Theater als komprimierte Wirklichkeit nehmen –
zum Community Theatre (CT)
Gerd Koch 86

Kommunikation ist (nicht) alles –
kommunikatives Handeln in der Gemeinwesenarbeit
Günter Rausch 100

Stadtteilarbeit und Kieztheater -
Veränderungen eines Verhältnisses
Markus Runge 118

Vom Kieztheater zum Legislativen Theater Berlin
Jens Clausen und Harald Hahn 128

Handwerkszeug des Kieztheaters
Jens Clausen und Harald Hahn 146

Weiterführende Literatur 160

Autorenangaben und Danksagung 164

Vorwort

Das Nachbarschaftshaus Urbanstraße e.V. ist bereits seit 1955 ein sozial-kulturelles Zentrum in Berlin-Kreuzberg. In mehr als 50 Jahren ist eine breite Palette von Angeboten und Arbeitsbereichen als Ergebnis unserer bürgernahen und lebensweltorientierten Arbeit entstanden.

Neben sozialpädagogischen Angeboten verfolgen wir als sozial-kulturelles Zentrum von Beginn an auch kulturelle Ansätze. Dabei geht es uns darum, Menschen aus der Nachbarschaft anzusprechen, sie mit kulturellen Angeboten anzuregen und Möglichkeiten des Ausdrucks, der Auseinandersetzung und nicht zuletzt des Dialogs zwischen unterschiedlichsten Bevölkerungsgruppen in Kreuzberg zu schaffen.

Kulturelle Angebote haben in unserem Hause eine lange Tradition. Neben der Berliner Liedertafel, einem traditionsreichen Männerchor, der schon seit 1924 in diesem Haus probt, gab es bald nach Gründung des Nachbarschaftshauses die Orchestergruppe Harmonie, der unter anderem die Kabarettgruppe „Die Kreuzweisen" folgte. Im Jahr der Veröffentlichung dieses Buches 2009 feiern wir das zwanzigjährige Jubiläum von IKARUS, einem intergenerativen Improvisationstheater, welches seine Stücke auf der Grundlage der Lebenserfahrungen der Theatermitglieder entwickelt. Neben IKARUS kennzeichnet sich unser Haus durch eine breite Vielfalt unterschiedlicher Theaterprojekte: Kieztheater, Legislatives Theater, Urbanensemble.

Mein besonderer Dank gilt an dieser Stelle den beiden Theaterpädagogen Jens Clausen und Harald Hahn, die sich weit über ihr bezahltes Engagement hinaus für die Entwicklung des Kieztheaters stark gemacht haben. Natürlich wäre dieses Projekt in den letzten drei Jahren ohne die Theaterspielenden gar nicht denkbar gewesen, daher bedanken wir uns bei all denen, die diese Theaterform durch ihre Person und ihr Spielengagement bereichert haben. Nicht zuletzt geht ein herzliches Dankeschön an die Jugend- und Familienstiftung des Landes Berlin, die uns einerseits das Experiment „Kieztheater" und andererseits das Niederschreiben der Erfahrungen finanziell ermöglicht hat.

Matthias Winter
Geschäftsführer des Nachbarschaftshauses Urbanstraße e.V.

Grußwort

Als Vorsitzende der Jugend- und Familienstiftung des Landes Berlin begrüße ich das vorliegende Buch als einen eindrucksvollen Bericht, der zeigt wie aus einer guten Idee, mit Engagement betrieben und mit kritischem Geist weiterentwickelt, eine praktikable und höchst unterhaltsame Form der ‚Kommunikation' über das Zusammenleben im Stadtteil und einen konstruktiven Umgang mit dort angesiedelten Konflikten entstehen kann. Nicht zuletzt ist dies aus der Sicht der fördernden Stiftung ein ermutigendes Beispiel dafür, wie aus dem allgemeinen Ziel der kleinteiligen Förderung und Aktivierung von Kiezen in Berlin ein konkretes Projekt entsteht, wie es erprobt, gefördert und weiterentwickelt werden kann. Ein Projekt, das – dies zeigt gerade das hier vorliegende Buch – nun über den Kiez und Berlin hinausstrahlt.

Im Jahr 2003 begann die Jugend- und Familienstiftung des Landes Berlin ihr Förderprogramm KiezAktivKasse mit Mitarbeiterinnen verschiedener Berliner Nachbarschaftshäuser zu entwickeln. Das Zusammenleben und die Familienfreundlichkeit in Kiezen sollten dadurch gestärkt werden, dass unbürokratisch Initiativen von Anwohnern mit ‚kleinem Geld' gefördert wurden. Initiativen von Bewohnerinnen sollten nicht am Geld scheitern. Die Entscheidungen lagen einzig bei je einer Jury aus Kiezbewohnerinnen. Ihre Kenntnisse waren der Maßstab für die Förderentscheidungen, begrenzt auf höchstens 750 Euro je Förderung. Eines der Projekte in Kreuzberg, gefördert durch die KiezAktivKasse im Nachbarschaftshaus Urbanstraße, war das Kieztheater. Dabei ist die Kenntnis der Mitwirkenden über ihren Kiez und seine Umgangsformen der Maßstab für die Entwicklung der Aufführungen.

Der Erfolg und die Wirkung des Ansatzes mit den zuschauenden und mitspielenden Bewohnern nach Lösungen für die Probleme im Kiez zu suchen, überzeugte den Vorstand der Jugend- und Familienstiftung des Landes Berlin. Das Kieztheater erhielt eine eigene und höhere Förderung, die sich insgesamt auf drei Jahre belief.

Daraus hat sich das Kieztheater entwickelt. Ein gutes Projekt, da es engagiert und zeitgemäß Menschen anspricht und aktiviert. Ein nachhaltiges Projekt, weil die Methode erprobt und weiterentwickelt wurde und heute in der Methodenkiste keiner Nachbarschaftseinrichtung fehlen sollte. Ein wirkungsvolles Projekt, weil ein begrenzter finanzieller Anstoß zu einer beispielgebenden Entwicklung beigetragen hat.

Unser Dank und unsere Anerkennung gilt den Akteuren des Kieztheaters und den Verfassern des vorliegenden Buches!

Sigrid Klebba
Vorsitzende der Jugend- und Familienstiftung des Landes Berlin

Jugend- und Familienstiftung
des Landes Berlin
Stiftung des öffentlichen Rechts

Einleitung

Dieses Buch aus der Reihe „Berliner Schriften zum Theater der Unterdrückten" stellt ein Theaterprojekt aus Berlin vor, genauer aus Berlin-Kreuzberg. Wir freuen uns, in diesem Buch die Erfahrungen eines dreijährigen Projektes niederschreiben zu können, dessen innovativen Theateransatz wir nicht auf Kreuzberg beschränkt sehen. Kieztheater ist ein Modellprojekt, das aus unserer Sicht zur Nachahmung in anderen Städten und Stadtteilen in Deutschland und darüber hinaus lohnt. Wir hoffen, dass wir mit dieser Publikation wichtige Anregungen und Impulse geben können.

Eine Übersicht über die verwendeten zentralen Begriffe, ihre Definition und die Zusammenhänge finden Sie in der Mitte des Buches (ab Seite 80).

Am Anfang des Buches gibt Markus Runge als projektzuständiger Stadtteilarbeiter des Nachbarschaftshauses Urbanstraße einen Einblick, *„wie das Kieztheater in die Stadtteilarbeit kam."* Das Kieztheater war während des gesamten Projektzeitraums angesiedelt in der Stadtteilarbeit des Nachbarschaftshauses Urbanstraße.

Anschließend können Sie an einem Streitgespräch teilhaben, in dem die beiden Spielleiter des Theaterprojektes über ihre unterschiedlichen theaterpädagogischen Ansätze kontrovers diskutieren. Die theaterpädagogischen Wurzeln von Jens Clausen liegen im von Keith Johnstone entwickelten Improvisationstheater. Harald Hahn ist geprägt vom Theater der Unterdrückten (TdU) nach Augusto Boal. Beide Strömungen flossen in die Arbeit des Kieztheaters mit ein.

Zu Beginn diskutieren die beiden Spielleiter die jeweiligen Unterschiede und Vorzüge der verschiedenen Theateransätze. Unterbrochen wird das Streitgespräch durch einen Aufsatz mit dem provokanten Titel: *„Fragen zum Forumtheater – Über das eindimensionale Denken und den „Souverän", das Publikum."* Diesen Beitrag wollen wir zur Diskussion stellen, weil uns die Klischees stören, die in Forumtheaterszenen oftmals reproduziert werden. In einer komplexen Welt erscheint uns ein Gut/Böse-Schema nicht mehr zeitgemäß. Es wäre wünschenswert, eine andere Forumtheaterpraxis zu entwickeln, die einerseits den Spagat unternimmt zwischen der eindeutigen moralischen, ethischen und politischen Positionierung und die andererseits offen genug ist, anderen Meinungen und Standpunkten einen Raum zu geben. Dies wird auch im zweiten Teil des Streitgespräches diskutiert.

Im Hauptteil des Buches beschreiben wir das dreijährige Kieztheaterprojekt in seinen Entwicklungsschritten, Ausdifferenzierungen und Besonderheiten. Im Kieztheater arbeiten wir mit Methoden sowohl des TdU als auch des Improvisationstheaters. Das Herzstück des Kieztheaters ist das Forumtheater. Unsere Arbeit mit dem Kieztheater verstehen wir als eine Weiterentwicklung von Forumtheater in Deutschland. Anhand vielfältiger Praxisbeispiele zeigen wir auf, wie der Ansatz Kieztheater für die Stadtteilarbeit produktiv nutzbar gemacht werden kann.

Eine wichtige Rolle im Kieztheater spielt die Moderation des Abends. Bei Forumtheaterveranstaltungen wird die moderierende Person Joker genannt. Da wir den Joker für ein sehr zentrales Element in der Dramaturgie eines spannenden und unterhaltsamen Kieztheaterabends halten, haben wir unsere Erfahrungen mit der Jokerrolle in einem eigenen Kapitel reflektiert und einen Versuch unternommen, die Herausforderung an den Joker zu systematisieren, ohne dies als abgeschlossen zu betrachten. Unser Interesse ist es, Tipps für die Jokerrolle an Interessierte weiterzugeben.

Für uns ist es wichtig, Menschen Mut zu machen, auf die Bühne zu gehen, Theater zu spielen und das Jokern selbst auszuprobieren. Dies hat Kristina Rahe im Kieztheater getan und berichtet davon in ihrem Beitrag: *„Das erste Mal als Joker."*

Dass das Kieztheater bei den Teilnehmerinnen[1] Spuren hinterlassen kann, zeigt Tanja Pfefferlein in ihrem Beitrag: *„Kieztheater Kreuzberg – bleibende Eindrücke."*

Nach diesen intensiven Praxiseinblicken, die einen eher beschreibenden Charakter haben, bereichern dieses Buch zwei wissenschaftliche Fachbeiträge, die einen Einblick in den wissenschaftlichen Diskurs der Theaterpädagogik und der Gemeinwesenarbeit geben. Wir freuen uns, dass wir zwei renommierte Fachautoren für dieses Buch gewinnen konnten, Prof. Dr. Gerd Koch, Professor für Theorie und Praxis der Sozialen Kulturarbeit, und Prof. Dr. Günter Rausch, Professor für Gemeinwesenarbeit, Sozialarbeitswissenschaft und Sozialmanagement.

---

[1] Irritationen: Während unseres Buchprojektes tauchte die Frage auf, welche Schreibweise wir in Bezug auf die Geschlechtergerechtigkeit verwenden. Wir haben uns entschlossen, bei Personenbezeichnungen im Buch männliche oder weibliche Bezeichnungen willkürlich zu verwenden. Sollte dies manchmal irritieren, so nehmen wir dies in Kauf, weil wir denken, dass Irritationen ein wichtiger Bestandteil von Kunst und Lernen sind. Es kann somit scheinbar Gegebenes kritisch hinterfragt werden.

Einleitung

Mit seinem Beitrag „*Aktive Verbindungen mit der Wirklichkeit eingehen und Theater als komprimierte Wirklichkeit nehmen*" gibt uns Gerd Koch einen Einblick in das Community Theatre (CT) und seinen Bezug zur Wirklichkeit. Wir betrachten Kieztheater als eine Form von Community Theatre, da wir mit den Experten des Alltags soziale Wirklichkeiten auf die Bühne gebracht haben.

Günter Rausch skizziert in seinem Beitrag „*Kommunikation ist (nicht) alles – kommunikatives Handeln in der Gemeinwesenarbeit*", basierend auf der Kommunikationstheorie von Jürgen Habermas, über Chancen und Möglichkeiten des kommunikativen Handelns in der Gemeinwesenarbeit. Der Bezug zu Jürgen Habermas ist zugleich auch ein Bezug zum Kieztheater, weil wir dort auch das Postulat des „herrschaftsfreien Diskurses"[2] als Idealtypus anstreben.

Im Kapitel „*Stadtteilarbeit und Kieztheater – Veränderungen eines Verhältnisses*" resümiert Markus Runge anschließend die Beziehungen von Kieztheater und Gemeinwesenarbeit. Dabei macht er deutlich, dass Kieztheater einen ganz eigenständigen Beitrag zu Stadtteilentwicklung leisten kann und nicht zwingend als Methode der Gemeinwesenarbeit gesehen werden muss. In den Parallelen, die er zwischen beiden aufzeigt, nimmt er zugleich Bezug zu den wissenschaftlichen Fachbeiträgen.

Aufgrund unserer positiven Erfahrungen mit dem Kieztheater wagten wir im April 2008 ein Experiment. Das erste Legislative Theater Berlin mit dem Titel „Der Fuß bist du! Oder: Theater betritt Politik" fand zu den Themen „Working Poor" und „Prekariat" statt. Einen Einblick in das Projekt gibt der Beitrag „*Vom Kieztheater zum Legislativen Theater Berlin*".

Für angehende Kieztheatermacherinnen haben wir im Kapitel „*Handwerkszeug*" unsere Lieblingsübungen aufgeführt. Ausführlich wird darin auch unser Format „*Die Sendung mit der Maus*" erklärt, das wir einsetzen, um die Spielregeln des Forumtheaters bei einer Aufführung zu erklären. Außerdem finden Sie im Kapitel „*Vom Theater im Kiez zum Kieztheater*" unsere Stolper- und Edelsteine, die wir besonders hervorgehoben haben, weil wir denken, sie könnten anderen Praktikerinnen hilfreich sein.

---

[2] In seinem Buch „Strukturwandel der Öffentlichkeit" entwickelte Jürgen Habermas das Konstrukt „Herrschaftsfreier Diskurs". Ausgehend von der Kaffeehauskultur und den bürgerlichen Salons, in denen sich kommunikativ ausgetauscht wurde, entwirft Habermas einen Diskussionsraum, in dem sozialer Hintergrund, Geschlecht usw. keine Rolle spielen sollen.

Einleitung

Am Ende des Buches befinden sich Literatur- und Webtipps von uns Herausgebern zu Theater der Unterdrückten / Forumtheater / Improvisationstheater sowie Stadtteil- und Gemeinwesenarbeit.

Ganz am Schluss finden sich Angaben zu den Autoren und eine Danksagung.

Ohne die Teilnehmerinnen des Kieztheaters wäre weder das Projekt noch dieses Buch möglich gewesen. Sie gaben ihre Zeit, ihr Engagement, ihre Leidenschaft und trugen damit maßgeblich zur erfolgreichen Realisierung dieses Projektes bei. In Sprechblasen über das Buch verstreut, erzählen einige, warum sie Kieztheater machen.

Wir hoffen, dass dieses Buch Ihnen wichtige Anregungen für die eigene theaterpädagogische Praxis oder Gemeinwesenarbeit bieten kann und wünschen viel Spaß beim Lesen.

Berlin, im Juli 2009
Jens Clausen / Harald Hahn / Markus Runge

Wie das Kieztheater in die Stadtteilarbeit kam

Markus Runge

Bereits seit Mitte der 90er-Jahre gibt es in unterschiedlichen Kiezen oder Stadtteilen Berlin-Kreuzbergs Stadtteil- und Gemeinwesenarbeit des Nachbarschaftshauses Urbanstraße e.V.

Stadtteil- oder Gemeinwesenarbeit ist mehr als nur eine Methode der sozialen Arbeit. Als Arbeits- oder Handlungsprinzip sozialer Intervention bezieht sie sich auf den lokalen Nahraum, auf einen Stadtteil. Sie sucht die Menschen in ihrem Lebensumfeld auf und setzt bei ihren Themen und Ressourcen an. Indem sie in erster Linie von der Lebenswelt der Menschen ausgeht, zeigt sie sich in der Aktivierung und Beteiligung besonders erfolgreich. Es ist die Suche nach Veränderungsbedarf aus der Sicht der Betroffenen, die hier zu relevanten Kristallisationspunkten für Aktivitäten führt. Ziel der Arbeit ist es, in Zusammenarbeit mit den Menschen ihre Handlungsspielräume und daran anknüpfend ihre Lebensverhältnisse zu verändern. Die Selbstbefähigung ist somit ein zentrales Anliegen. Eine Fülle unterschiedlicher Methoden[3] sorgt für zahlreiche Möglichkeiten der Teilhabe und Partizipation.

Die Erfahrungen der ersten Jahre Stadtteil- und Gemeinwesenarbeit führen dazu, die Förderung der Kommunikation im Stadtteil als zentrales Thema stärker in den Fokus der Arbeit zu rücken.

Gemeinwesenarbeit, die sich als sozialräumliche Strategie „ganzheitlich auf den Stadtteil und nicht pädagogisch auf einzelne Individuen richtet"[4], muss eine breite Kommunikation im Stadtteil in Gang setzen. Ziel ist es, zusammen mit möglichst vielen Betroffenen an den sie wirklich betreffenden Themen zu arbeiten. Dazu muss eine Kommunikation in Gang gesetzt werden, über das, was die Menschen über ihre individuelle Situation hinaus bewegt, und darüber, wo sie sich Veränderungen für den Stadtteil wünschen. Erfolgreich kann Gemeinwesenarbeit nur dann sein, wenn sie „prinzipiell alle Themen auf(greift), die von den Menschen im Sozialraum als wichtig erachtet werden."[5]

Folgende Fragestellungen kreisen um die Förderung von Kommunikation im Stadtteil:

Wie lässt sich auf Kiezebene – und das sind zum Beispiel im Graefe-Kiez ca. 15.000 Bewohner und 500 Gewerbebetriebe – Kommunikation anregen, die möglichst viele Menschen erreicht und tatsächlich einbezieht, die kiezweite Themen herausarbeitet, und viele Menschen interessiert, ob sie nun im Kiez leben oder arbeiten?

Welche Wirkung könnte eine Kommunikation haben, der es gelingt, auf breiter Ebene Menschen anzusprechen und einzubeziehen? Ist eine kiezweite Kommunikation überhaupt realisierbar? Erfolgt sie meist nicht viel zu spät oder nur unter Einbeziehung zu weniger Interessenten und zumeist immer denselben Aktiven?

Wie erfolgreich sind die häufig genutzten Kommunikationsmittel unserer Stadtteil- und Gemeinwesenarbeit, wie Infostände, Bürgerversammlungen, Runde Tische, Flugblätter, Fragebögen, Mailing-Listen oder Schaukästen? Warum führen diese Kommunikationsmittel selbst in ihrer Vielfalt und Kombination nicht zu einer kiezweiten Kommunikation unter Beteiligung einer Mehrheit der Betroffenen?

---

3 Methoden der Kontaktaufnahme und Kontaktpflege, wie Stadtteilfeste oder Plakate; Methoden der Feldforschung / Aktionsforschung, wie Sozialraumanalyse, Expertenbefragung, Bewohnerbefragung, Ressourcenanalyse; Methoden der Meinungsbildung, wie Bewohnerversammlungen, Stadtteilkonferenzen; Methoden der politischen Einflussnahme, wie Bürgerversammlungen, Runde Tische, Unterschriftenlisten, Netzwerkarbeit, Demonstrationen, Stellungnahmen, Aktionen zivilen Ungehorsams; Methoden der Bürgerbeteiligung, wie Aktivierende Befragung, Planning for Real, Zukunftswerkstatt, Initiativen- und Netzwerkaufbau; Methoden der Konfliktlösung, wie Mediation, Schlichtung
4 Oelschlägel in Hinte, Lüttringhaus, Oelschlägel, 2007, S. 111.
5 Lüttringhaus in Hinte, Lüttringhaus, Oelschlägel, 2007, S. 278.

Könnte nicht in einem Stadtteil wie dem Graefe-Kiez vieles früher, intensiver und auf breiterer Ebene kommuniziert werden, auch wenn dort nach der Einschätzung vieler schon eine gute Kommunikationsstruktur besteht?[6]

In der Stadtteilarbeit regen wir gezielt Kommunikation an, in dem wir Anlässe der Begegnung schaffen, zum Beispiel in Form von Flohmärkten, Sperrgutmärkten (kostenlosem Tausch von brauchbarem Hausrat auf öffentlichen Plätzen im Kiez) und Zaunbau-Aktionen. Bei letzteren war der konkrete Zaunbau nur ein Ziel neben anderen. Wichtig war zum Beispiel auch, über die konkrete Präsenz im Stadtteil stärker wahrgenommen zu werden und mit Menschen ins Gespräch zu kommen. Die Ideen zu solchen Angeboten oder Aktionen kamen dabei immer aus dem Stadtteil (nie von uns Stadtteilarbeiterinnen), von den Menschen, die hier wohnen oder arbeiten, als ExpertInnen ihres eigenen Wohn- und Lebensumfeldes.

Die KiezAktivKasse[7] Kreuzberg, ein Stadtteilfonds, über dessen Vergabe seit seiner Gründung 2003 ausschließlich Bewohner entscheiden, beschloss 2004 die Finanzierung eines Kieztheaterprojektes unter Anleitung des Anwohners und freiberuflichen Theaterpädagogen Harald Hahn. Auch das Kieztheater war eine Idee aus dem Stadtteil.

Details zur Diskussion des eingereichten Antrags für ein Kieztheater im Graefe-Kiez sind nicht mehr bekannt. Allein die Bewilligung der Höchstsumme und die direkte Entscheidung über den Antrag in einer Jury-Sitzung (kontrovers diskutierte Anträge wurden in der Entscheidung meist vertagt) machen deutlich, dass die Jury die Idee und das Konzept überzeugend fand.

---

6   Der Graefe-Kiez zeichnet sich aus durch eine hohe Wohndauer und eine im Berliner Vergleich verhältnismäßig große Dopplung von Wohnen und gleichzeitigem Arbeiten im Kiez. Eine verhältnismäßig große als bildungsorientierte Mittelschicht zu beschreibende Bevölkerungsgruppe, nimmt im Stadtteil weiter zu. Im Bereich der Bürgerbeteiligung gab es bereits in den 90er-Jahren im Rahmen einer Sanierungsvoruntersuchung eine Betroffenenvertretung. 2001 gründete sich die Interessengemeinschaft Graefe-Kiez, ein Netzwerk aus Gewerbetreibenden, BewohnerInnen und sozialen Organisationen, die sich – unterstützt durch die Stadtteilarbeit des Nachbarschaftshauses Urbanstraße e.V. – seither regelmäßig für die Belange der Menschen im Kiez einsetzt. Durch monatliche offene Treffen, größere Bürgerversammlungen und zahlreiche Aktionen im Stadtteil signalisiert dieses Netzwerk regelmäßig den Wunsch und das Angebot zu einer Kommunikation im Stadtteil. Ständig werden Kiezthemen gesammelt und Ideen, beziehungsweise Strategien zu ihrer Bearbeitung entwickelt.

7   KiezAktivKasse ist ein Berliner Modell von Stadtteilfonds, entwickelt von der Jugend- und Familienstiftung des Landes Berlin in Zusammenarbeit mit Berliner Nachbarschaftseinrichtungen. Die Modellphase im Zeitraum zwischen 2003 und 2007 umfasste insgesamt neun KiezAktivKassen in Berlin. Gastgeber und Initiator der KiezAktivKasse Kreuzberg wurde 2003 das Nachbarschaftshaus Urbanstraße e.V. Seither verfolgt es mit der KiezAktivKasse das Ziel einen Stadtteilfonds aufzubauen, der, indem er längerfristig immer wieder selbst aus dem Stadtteil gefüllt wird, kontinuierlich Ideen und Engagement im Stadtteil befördert.

Bewohner des Kiezes sollten als Teilnehmerinnen des Kieztheaters Themen aus dem Stadtteil aufgreifen und den Menschen im Kiez über das Forumtheater nahe bringen. Sie sollten zusammen mit ihnen nach Lösungen suchen, in dem sie die Probleme, die sie erkennen oder auch nur vage erahnen, in Szenen fassen und die Zuschauer auffordern, zu intervenieren. Angestrebt wurde dabei durchaus, Lösungen für die vorhandenen Probleme zu finden. Zuallererst wollten wir aber die Kommunikation im Stadtteil anstoßen und uns ein Bild darüber machen, wie sich die Themen aus Sicht der Kiezbewohner darstellen.

Die Rückmeldungen zur ersten Aufführung des Kieztheaters Kreuzberg auf dem Graefekiez-Fest im Sommer 2004 waren äußerst positiv. Viele Menschen nahmen mit großem Interesse die beiden kiezbezogenen Szenen wahr, es gab gleich mehrere Interventionen und unter einigen Menschen mit offenkundig unterschiedlichen Ansichten eine anschließende lange Diskussion.

Das Experiment kam gut an. Es brachte eine neue Art der Kommunikation über Themen in den Stadtteil. Es regte Leute an, bezog sie ein, sprach sie auf eine andere Weise an als bisher – mehr spielerisch-sinnlich – und nicht in Form von Bürgerversammlungen mit vorgegebenen Abläufen oder Fragebögen.

Im Sinne von Methodenintegration in der Stadtteil- und Gemeinwesenarbeit begannen im Nachgang Gespräche zwischen dem Stadtteilarbeiter des Nachbarschaftshauses Urbanstraße e.V. und den Theaterpädagogen Harald Hahn und Jens Clausen[8], in denen wir aufgrund der positiven Resonanz über eine Fortführung dieses Ansatzes im Rahmen der Gemeinwesenarbeit nachdachten.

Mit dem Ziel, einen Beitrag zur Kommunikation in Kreuzberg zu leisten und Kommunikation im Kiez und die Suche nach Lösungen auf kiezbezogene Probleme zu befördern, wurde das „Kieztheater Kreuzberg" als Projekt des Nachbarschaftshauses Urbanstraße e.V. schließlich von 2005 bis 2008 durch die Jugend- und Familienstiftung des Landes Berlin gefördert. Diese Förderung gab uns die Möglichkeit, mit dem Kieztheater über einen längeren Zeitraum zu experimentieren und das Modell differenziert weiterzuentwickeln.

---

[8] Jens Clausen ist als freier Theaterpädagoge in verschiedenen Zusammenhängen im Nachbarschaftshaus Urbanstraße e.V. tätig. Das generationsübergreifende Theaterprojekt IKARUS im Nachbarschaftshaus begleitet er seit 1989. Als Kenner des Hauses und des Stadtteils Kreuzberg sowie als Experte für Interaktion, Improvisation und Theater hatten wir als Nachbarschaftshaus das Interesse, ihn in dieses neue Theaterprojekt einzubinden.

Streitgespräch Teil 1: Konkurrenz und Diskurs

Jens Clausen und Harald Hahn

Wie Theater sein sollte, wie es aussehen könnte und was es bewirken kann, diese Fragen haben das Theater schon immer begleitet. Unserer Ansicht nach ist es wichtig, darüber zu diskutieren mit welcher Auffassung und Haltung man daran geht, „Theater zu machen". Auch beim Kieztheater gehörte diese Diskussion zur Entwicklung des Projekts. Theater als sozialer Prozess, als öffentlich wirksame Darbietung, als Kunst der Darstellung, als bedeutsamer Vorgang, als Ort der Auseinandersetzung und des Diskurses. Irgendwo zwischen diesen Aspekten ist auch das Kieztheater anzusiedeln.

Die beiden Theateransätze der Spielleiter – Improvisationstheater und Theater der Unterdrückten – sind Bestandteil des Projekts Kieztheater. Bei den Vorbereitungen zu den Proben haben wir leidenschaftlich darüber diskutiert, wie man diese Ansätze miteinander verbinden kann und wie sie sich unterscheiden.

Im Folgenden geben wir einen Einblick in unseren Diskurs, über den wir unsere Vorstellung von (Kiez-)Theater entwickelt haben. In Form eines Streitgesprächs stellen wir die Unterschiede und Gemeinsamkeiten unserer Ansätze vor und wollen Sie einladen, darüber nachzudenken, was Theater gesellschaftlich bewirken kann und wo die Grenzen dieser Kunstform verlaufen.

Hahn: Ich bin geprägt vom TdU und du vom Improvisationstheater. Beide halten wir an unseren jeweiligen Theateransätzen fest. Ich bin neugierig darauf, herauszufinden, wie sich „dein" Improvisationstheater von „meinem" Theater der Unterdrückten unterscheidet.

Clausen: Beide Richtungen sind Weiterentwicklungen traditioneller Theaterformen. Sie unterscheiden sich allerdings in der Auffassung darüber, was Theater bewirken soll und kann. Das von Keith Johnston entwickelte Improvisationstheater stellt den Schauspieler in den Mittelpunkt, der eine Szene unmittelbar vor den Augen des Publikums entwickelt. Es wendet sich damit gegen Theatertraditionen, in denen monatelang geprobt oder alles bis ins Detail inszeniert wird.

Hahn: Das gefällt mir auch am Improvisationstheater. Allerdings habe ich ein Problem mit dem starken Konkurrenzcharakter in diesem so genannten Theatersport. Beim Lesen von Keith Johnstones Texten empfinde ich immer ein leichtes Unbehagen, wenn von Konkurrenz die Rede ist, auch wenn sie auf einer spielerischen Ebene stattfindet. Anders ausgedrückt ist für mich das TdU vom Zugang her sympathischer, weil es zu seiner Philosophie gehört, dass alle Menschen die Fähigkeit haben, Theater zu machen. Man fördert den Einzelnen ohne das Konkurrenzprinzip.

Clausen: Da muss ich widersprechen. Die Konkurrenz im Theatersport ist nur vorgetäuscht. Sie dient dazu, das Interesse des Publikums wach zu halten. Die angebliche Konkurrenz soll den Spielerinnen mehr Zeit auf der Bühne verschaffen. Und auf der Bühne soll man sehen können, was jeder Mensch von Natur aus mitbringt: Spontaneität, Witz, Intuition. Genau solche Aspekte kommen im Improvisationstheater zum Tragen. Und das kann jeder Mensch. Und Johnstone hat – glaube ich – niemals gesagt, dass man Theatersport nur mit Schauspielern machen könnte. Klar hat man Vorteile, wenn man das Handwerk beherrscht.

Hahn: Aber das Theater findet nicht im luftleeren Raum statt: Auch wenn die Konkurrenz vorgetäuscht ist, bleibt diese „Täuschung" ein konstituierendes Element bei den Aufführungen. Es geht darum: Wer ist besser und wer ist schlechter? Wird damit nicht die täglich erfahrene Konkurrenzbeziehung zwischen den Menschen auch auf der Bühne reproduziert?

Clausen: Nein, Du kannst eine Konkurrenz auf der Bühne darstellen und alle wissen, dass es in Wahrheit nur ein Spiel ist.

Hahn: Wissen das auch wirklich alle Zuschauerinnen?

Clausen: Aber natürlich. Wenn ich Theatersport anleite, dann ist die Konkurrenz ein Quell des Vergnügens. Ich sage meinen Akteuren zum Beispiel: Ihr müsst anarchischer sein und euch gegen die Autorität des Moderators oder der Schiedsrichter auflehnen. Geht auf das Publikum zu und macht ihm Geschenke, versucht es zu bestechen. Man muss diese Konkurrenzsituation spielen. Oder ein anderes Beispiel: Wenn in der Aufführung nach Freiwilligen gefragt wird, soll die ganze Mannschaft aufspringen, um sich dann gegenseitig höflich den Vortritt zu geben. Wenn das gelingt, transportiert sich diese spielerische Atmosphäre ins Publikum. Und das Publikum feuert dann nicht eine Mannschaft an, weil es meint „Mannschaft A" wäre besser, sondern weil die Zuschauer Spaß haben, an der Gesamtkonstellation teilzuhaben. Das ist wie beim Fußballspiel, wo es Spaß macht, die Mannschaften anzufeuern oder auszubuhen. Leider nehmen einige Fans das Spiel dann doch viel zu Ernst. Ich glaube nicht, dass irgend jemand denkt, Theatersport sei eine ernsthafte Konkurrenzveranstaltung.

Hahn: Vielleicht kommt mein Unbehagen auch daher, dass ich viele Teilnehmerinnen in meinen Workshops kennen gelernt habe, die mir von folgenden Erfahrungen aus dem Improvisationstheater erzählt haben: Sie fühlten sich unter Druck gesetzt, spontan sein zu müssen. Dann wird das Vorführen zu einem vorgeführt werden. Nach Ansicht der Teilnehmer ging es meist darum, wer auf der Bühne die bessere Figur macht. In meiner Arbeit – gerade im Forumtheater – ist mir die Ensembleleistung wichtig. Ich schätze daran, dass – gerade wenn man mit Laien Theater macht – die Entwicklung der Gruppe im Vordergrund steht. In dem Sinne gibt es keine „Hauptrollen". Da entsteht etwas aus der Gruppe heraus.

Clausen: Aber das ist im Improvisationstheater genauso. Es geht nicht um Einzelleistungen. Gerade wenn man Spontaneität ausspielen will, braucht man einen

Impuls von den Mitspielern. Ohne eine Partnerin kann man gar nichts Spontanes entwickeln. Es geht darum, die eigene Spielidee zu unterbrechen um spontan in der Zusammenarbeit mit den Anderen etwas Neues zu entwickeln. Wenn man sich mit seiner eigenen Spontaneität auseinander setzt, ist das ein Prozess voller Risiken: Denn wer weiß schon, ob er spontan ist oder sein wird? Spontaneität kann auch schief gehen. Scheitern gehört dazu. Das kratzt am Ego. Dann tauchen Fragen auf, wie zum Beispiel: Warum bin ich nicht ins Spiel gekommen, sehr wohl aber die Mitspieler? Warum ist mir heute nichts eingefallen? Das Training in dieser Theaterform läuft darauf hinaus, sich dem Risiko des Scheiterns zu stellen. Das kann aber nur gelingen, wenn ich nicht in Kategorien der Konkurrenz denke, wie: Du schaffst es oder Du schaffst es nicht. Das ist richtig oder das ist falsch. In meinen Workshops bringe ich den Teilnehmerinnen immer bei, dass man aus der Szene mit der Haltung hinausgehen soll, „genial" zu sein, auch wenn etwas schief läuft! Denn ein Scheitern ist viel lehrreicher und gleichzeitig unterhaltsamer als die perfekte Ausführung.

Hahn: Diese Fehlerfreundlichkeit ist mir in meiner Arbeit auch wichtig.

Clausen: Dies ist doch die Herausforderung. Die Spielerin braucht die Atmosphäre von Fehlerfreundlichkeit und gleichzeitig ein Erfolgserlebnis. Beides hängt zusammen, und es kann leicht ins Gegenteil kippen, wenn man permanent das Gefühl hat, überfordert zu sein oder die eigene Spontaneität nicht ausleben zu können. Dann wird es schwierig.

Hahn: Ich treffe in meinen Forumtheaterworkshops immer wieder auf Leute mit Improvisationstheatererfahrung, die bewusst Theater der Unterdrückten machen wollen. Improvisationstheater fanden sie witzig, spannend, lustig, aber sie wollen endlich mal ein Theater erleben, bei dem es um was geht, bei dem auf der Bühne ein gesellschaftlich relevanter Konflikt dargestellt wird. Im TdU geht es um Konflikte und – wie der Name schon sagt – um Unterdrückungsverhältnisse. Das Improvisationstheater dagegen ist ein Theater, das wunderbar in diese Spaßgesellschaft passt: Alles ist lustig, alles ist witzig. Aber das Improvisationstheater äußert zu wenig Kritik.

Clausen: Welchen Gewinn verspricht sich denn das Forumtheater von seiner kritischen Auseinandersetzung?

Hahn: Es ist ein kollektiver Prozess. Es geht nicht nur um den Spaß. Im Forumtheater wird ein reales Problem gemeinsam mit dem Publikum auf der Bühne verhandelt. Das ist ein anderer Zugang. Es ist vielleicht mehr Drama als Komödie.

Clausen: Aber ist es nicht Wunschdenken, dass sich die Zuschauerinnen 90 Minuten lang in einer Theateraufführung ernsthaft mit einem Thema auseinandersetzen? Die meisten Zuschauer wollen auch beim Forumtheater einen netten Theaterabend erleben.

Hahn: Aber die Auswahl der Thematik im Forumtheater ist eine andere als im Improvisationstheater. Außerdem geht es um einen Kommunikationsprozess. Die Partizipation im Improvisationstheater besteht darin, dass das Publikum ein paar Stichworte gibt und die Schauspielerinnen dann danach spielen. Das Einzigartige am Forumtheater ist, dass es viel mehr Partizipation ermöglicht, weil das Publikum auf die Bühne kommen und mitspielen kann.

Clausen: Man muss schon genauer untersuchen, aus welchem Impuls die Zuschauer auf die Bühne gehen. Ich habe im Forumtheater auch erlebt, dass Leute auf die Bühne gehen, um gegen die Szene oder den Helden zu spielen. Dabei sind sie nicht inhaltlich interessiert, sondern sie nutzen eher die Gelegenheit zur spielerischen Selbstdarstellung.

Hahn: Aber wenn ein Bezug zur Realität besteht, ist es doch ganz egal, welche Motivation die Zuschauerinnen haben, die auf die Bühne gehen. Wenn ich eine Forumtheater-Szene zum Thema Rassismus zeige, wird das Bühnengeschehen immer im Kontext von Rassismus stattfinden. Daraus eröffnet sich die Diskussion mit dem Publikum über den Konflikt, über die Unterdrückung, über das Problem. Und das macht das Improvisationstheater nicht. Es ist für mich eine sehr gute Form von Unterhaltungstheater. Aber den politischen Gehalt finde ich dort oft sehr, sehr dürftig.

Clausen: Natürlich hat das Improvisationstheater nicht die Absicht, politische Missstände auf die Bühne zu bringen. Aber dient das Theater tatsächlich einer politischen Auseinandersetzung oder ist es nicht in erster Linie Unterhaltung? Auch im Forumtheater ist Unterhaltung wichtig und es ist auch Teil des Abends. Meine Kritik am Forumtheater ist folgende: Ich diskutiere mal ein wenig über Rassismus und dann geht es mir nachher besser. Aber reale politische oder gesellschaftliche Konsequenzen hat Forumtheater eben nicht.

Hahn: Forumtheater greift in einen Diskurs ein. Es führt nicht gleich zur Gesellschaftsveränderung. Ob es einzelne Zuschauer beeinflussen kann, weiß man nicht. Es gibt eine Konzeption für den Abend, aber niemand kann vorhersagen, was tatsächlich passieren wird. Wird das Publikum die angebotenen Tabus oder Konflikte tatsächlich ernsthaft diskutieren? Was du ansprichst, und da teile ich deine Meinung gerade als Theatermacher, sind oftmals diese platten Inszenierungen im Forumtheater und der oft zu Recht kritisierte Dualismus von Gut und Böse.

Clausen: Manche empfinden das Forumtheater als moralinsaures pädagogisches Zeigefingertheater.

Hahn: Die Frage ist, wie man es ohne pädagogischen Zeigefinger schafft, ein reales gesellschaftliches Problem so diskursiv zu bearbeiten, dass sich das Publikum nicht gedrängt fühlt, „politisch korrekt" zu argumentieren. Dadurch würde es letztendlich nur darin bestätigt, dass es sich zu den „linken Gutmenschen" zählen darf, aber es erfährt nichts Neues. Leider ist die Verfasstheit der politischen Linken in Deutschland so, dass die Aktivisten oftmals unfähig sind, unterschiedliche Meinungsäußerungen auszuhalten. Häufig wird sehr gereizt reagiert, wenn zum Beispiel jemand konservative Argumentationsmuster verwendet. Ein klassisches Forumtheater eröffnet unterschiedliche Positionen. In den USA gibt es den Begriff „Freedom of Speech" – und das bedeutet, dass konträre Meinungen artikuliert werden dürfen. Das ist für einige im Forumtheater – das ja aus einer politisch linken Tradition kommt – sehr, sehr schwer auszuhalten.

Fragen zum Forumtheater –
Über das eindimensionale Denken und den „Souverän", das Publikum

Jens Clausen und Harald Hahn

Die Bahnszene

Die Bahnpolizei kontrolliert eine Zugreisende, die sie auf Grund ihres Aussehens für eine Migrantin hält, und fordert sie auf, zur Kontrolle ihres Ausweises den Zug zu verlassen. Niemand von den anwesenden Fahrgästen ergreift Partei für sie. Im Gegenteil: Einige Passagiere äußern sich offen fremdenfeindlich oder rassistisch.

Warum sieht man solch eine Szene immer wieder im Forumtheater?

Es ist eine Alltagsszene wie sie wahrscheinlich in allen europäischen Staaten in der einen oder anderen Weise erlebbar ist und deshalb universell verstanden und wiedererkannt wird. Die Zuschauerinnen fragen sich: Wie kann man sich in dieser Situation verhalten? Wie kann man den Polizisten entgegentreten und wie werden die Mitreisenden reagieren? Was in der Forumszene passieren wird, ist relativ vorhersehbar: Man wird verschiedene Strategien sehen, wie man beherzt der Staatsmacht entgegentreten kann. Vielleicht wird auch etwas ausprobiert, was man sich in Wirklichkeit nicht trauen würde, zum Beispiel die Staatsmacht einfach nicht ernst zu nehmen oder sie zu veräppeln. Die Mitreisenden können Partei ergreifen, sich solidarisieren, usw. Aber ein Erkenntnisgewinn in dieser Szene ließe sich nur herstellen, wenn man etwas mehr über die Lebenssituation von Migrantinnen, beispielsweise über die Einschränkungen im Aufenthaltsrecht für Ausländer, oder die Hintergründe rassistischen Verhaltens diskutieren würde.

Die Bahnszene ist eine der „sichersten" Forumtheaterszenen. Sie wird immer funktionieren. Das führt uns zu folgenden Fragen und den daraus resultierenden Thesen:

Welche gesellschaftliche Dimension von Unterdrückung lässt sich szenisch nachvollziehen?

Das Handlungsziel für die Protagonistin der Bahnszene ist das Recht, im Zug zu bleiben und sich entweder die Solidarität der Mitreisenden zu sichern oder sich gegen rassistische Einstellungen zu wehren. All das ist in diesem Handlungsrahmen möglich. Aber gegen die Verordnungen im Aufenthaltsrecht, auf deren Grundlage die Polizeibeamten ihre Kontrolle durchführen, kann nur auf parlamentarischer Ebene vorgegangen werden. Eine Veränderung der Gesetzeslage liegt aber nicht im Handlungsrahmen der Szene. Sie ermöglicht es der Protagonistin nur, innerhalb der konkreten Situation unterschiedlich zu kommunizieren. Die Problematik des Aufenthaltsrechtes ist Teil einer strukturellen Gewalt in unserer Gesellschaft.

Die Szene kann zu einer Diskussion führen, indem ein gescheiterter Versuch als Impuls aufgenommen wird. Aber Handlungsoptionen gegenüber struktureller Gewalt müssen dann in der anschließenden Diskussion entwickelt werden. Hier liegt eine

Begrenzung in der Handlungsebene der Szene vor, eine Schwierigkeit, die auch in anderen Forumtheaterszenen auftaucht.

Braucht es im Forumtheater ein eindeutiges Opfer?

Forumszenen sind in der Regel auf eine Betroffene oder einen Betroffenen hin konstruiert. Er oder sie sollen als Opfer erkennbar sein. Die sichtbare Machtlosigkeit, die Unterdrückung individueller Rechte, das wirkungslose Handeln sollen die Zuschauerinnen animieren und provozieren, auf die Bühne zu kommen und einzugreifen. Das heißt aber auch, dass es in der Szene Täter oder Stellvertreterinnen, also Profiteure von Machtverhältnissen, geben muss. Erkennen die Zuschauer nicht, wer das „Opfer" ist oder haben sie keinen Ansatzpunkt etwas zu verändern, läuft das Forum ins Leere. Es gibt keine Interventionen.

Viele gesellschaftliche Konflikte ähneln eher einem Dilemma, bei dem man nicht eindeutig von Täter und Opfer, von Macht oder Ohnmacht sprechen kann. Außerdem gibt es oft keine wirksamen Lösungsstrategien, wie zum Beispiel bei der Bekämpfung von Kinderarmut: Wird die Erhöhung des Kindergeldes die Lage der unter Armut leidenden Kinder tatsächlich verbessern? Sicherlich wäre die Erhöhung des Kindergeldes gerechtfertigt. Aber gleichzeitig ist bekannt, dass die gesellschaftlichen Prozesse viel komplexer sind und dass eine Erhöhung des Kindergelds nichts am Grundübel der Kinderarmut ändern würde. Die Liste der komplexen Einflussfaktoren, wie zum Beispiel soziale Desintegration, mangelnde elterliche Kompetenz, falsches Konsumverhalten, ist lang. Man kann dieser Komplexität in einer Forumszene kaum gerecht werden. Man muss also auswählen, reduzieren und sich auf einen Aspekt konzentrieren. Dabei sollte man berücksichtigen, welche Möglichkeiten die dargestellte Situation für eine Intervention bietet. Stehen zum Beispiel andere Figuren in der Szene als potentielle Unterstützer des Opfers zur Verfügung? Hat die Hauptfigur Möglichkeiten, die Szene durch verändertes Handeln zu beeinflussen? Bildlich gesprochen: Kann jemand ein Auto reparieren, wenn er kein Werkzeug hat? Das Werkzeug wird mit der Konstruktion der Szene zur Verfügung gestellt. Zum Schluss muss man hinterfragen, ob die Konstruktion der Szene einen realen Resonanzraum findet.

Die Herausforderung in der Konstruktion von Forumszenen besteht also darin, einerseits den gesellschaftlichen Konflikt darzustellen, ohne die dahinter stehenden realen Mechanismen unglaubwürdig zu vereinfachen. Andererseits muss man die Komplexität des Konflikts so weit reduzieren, dass eindeutig verstanden wird, warum die Situation veränderungswürdig ist. Das führt zwangsläufig zu einer Vereinfachung der Realität und eventuell zu einer eindimensionalen Perspektive.

Ist die partizipative Beteiligung im Forumtheater ein Qualitätskriterium?
Das Verdienst speziell des Forumtheaters ist die Beteiligung des Publikums auf der Bühne. In den 70er-Jahren des vergangenen Jahrhunderts gab dies einer auf Emanzipation und Teilhabe gerichteten Pädagogik[9] wichtige Impulse. Aber die Präsenz des Publikums auf der Bühne ist 2009 keine Innovation mehr. Sämtliche Vormittagsprogramme des Fernsehens bedienen sich in Talkshows auf meist voyeuristische Weise der Möglichkeit, ihr Publikum mit einzubeziehen. In Politiksendungen kommen neben den Experten und Politprofis zunehmend Betroffene zu Wort. Und das World Wide Web ist in puncto Selbstdarstellung grenzenlos.

Die partizipative Beteiligung des Publikums im Forumtheater ist vielleicht deshalb so attraktiv, weil es kaum Möglichkeiten der Regie-Manipulation gibt, die den zu erwartenden Beitrag steuert. Solch eine Möglichkeit gibt es in der Tat nicht und das unterscheidet das Theater vom Fernsehen. Alles was entsteht, entsteht im Dialog zwischen Bühne und Publikum und entwickelt sich aus diesem Zusammenspiel. Diese „Unkontrollierbarkeit" führt vereinfacht zu vier Kategorien von Interventionen:

Erste Kategorie: „Themaverfehlung"
Der Intervenierende kümmert sich nicht um das in der Szene angesprochene Problem sondern startet Aktionen, die nichts mit dem Thema zu tun haben. Eine Variante dieser Intervention ist der Monolog, in dem das Zusammenspiel verweigert wird.

Zweite Kategorie: „Destruktion"
Die Intervention richtet sich gegen die Konstruktion der Szene. Zum Beispiel lässt sich die Migrantin voller Freude und mit großer Begeisterung von der Bahnpolizei verhaften.

Dritte Kategorie: „Naive Einwechslung"
Der Intervenierende verfügt über kein besonderes Hintergrundwissen. Diese Form der Intervention fördert den größten Erkenntnisgewinn, weil der Intervenierende sichtbar lernt oder scheitert.

Vierte Kategorie: „Fachbeitrag"
Die Intervenierende kennt die Materie. Die Spielräume sind bekannt und argumentativ werden die richtigen Zusammenhänge präsentiert, so dass sich die Akteurin selbstbewusst durchsetzt.

---

[9] Das Theater der Unterdrückten wurde inspiriert durch die Theorie der Pädagogik der Unterdrückten des brasilianischen Pädagogen Paulo Freire (1921–1997). Ein wesentlicher Bestandteil seiner Pädagogik ist die Dialogbereitschaft und der Glaube an eine Möglichkeit geschichtlicher Veränderung. Sein Leitgedanke ist die Vorstellung einer Autonomie aller Menschen, verstanden als selbstbestimmtes Leben frei von Unterdrückung.

Diese Darstellung macht deutlich, dass die Qualität einer Forumszene erst aus der Substanz der Publikumsbeiträge entsteht und nicht aus der Beteiligung an sich.

Hat das Forumtheater eine emanzipatorische Wirkung?
In der Theorie geht man davon aus, dass das Publikum zu einem Erkenntnisprozess angeregt wird. Aber stellt sich tatsächlich eine emanzipatorische Wirkung ein, wodurch und in welche Richtung?

Nimmt das Publikum das Geschehen als „Realität" oder als „Bühne" wahr? Die vier Kategorien der Intervention machen deutlich, dass es eine offene Frage ist, in wie weit und wie sich das Publikum von der dargestellten „Unterdrückung" angesprochen fühlt. Ganz sicher muss man heute davon ausgehen, dass das Publikum nicht mehr „naiv" betroffen, sondern sich der medialen Vermittlung der „Realität" bewusst ist und weiß, dass jede Intervention und jeder Diskussionsbeitrag zum Theatervorgang gehört. Auch das Publikum kann lügen, verschweigen oder Teile seiner Realität nicht offen legen. Wir haben das in einer Forumtheater-Aufführung erlebt, in der es um ausbeuterische Arbeitsverhältnisse von „Illegalen" ging. In der Szene wurde eine Südamerikanerin unangemessen entlohnt und auf Grund ihrer rechtlosen Lebenslage ausgebeutet. Gezeigt wurde die Szene vor einem Publikum aus einem gut situierten Berliner Villenbezirk. Niemand aus dem Publikum thematisierte die polnischen Putzfrauen, obwohl ihre Tätigkeiten in Berliner Haushalten die nächstliegende und weit verbreitete Realität gewesen sein dürfte.

Eigentlich könnten in der Bahnszene nur Migrantinnen aus eigener Betroffenheit einwechseln. Wer Rassismus nicht aus eigener Erfahrung kennt, findet als Zuschauerin Anknüpfungspunkte in der Rolle der Beobachterin. Das ermöglicht die Intervention auf Grund eigener Erfahrungen mit der Beobachterrolle. Die Richtung der möglichen Intervention ist klar, es geht um ein politisch korrektes Verhalten. Im Falle der Bahnszene ist es die Intervention gegen die Bahnpolizisten und die rassistischen Äußerungen der Mitreisenden sowie die Parteinahme für die Migrantin. Wenn die Zuschauer in die Rolle der Beobachterin einwechseln, sollten sie auf keinen Fall nur aus dem Zugabteil flüchten.

Die Konstruktion der Szene legt nur eine Handlungsrichtung nahe. Hier die Staatsmacht und rassistisches Verhalten und dort die rechtlose Migrantin. Mögliche gesellschaftliche Brüche bleiben unerwähnt und sollen in der Szene nicht erspielt werden. Ungemütlich wird es im Publikum immer dann, wenn eine Szene zu eindimensional in eine Richtung weist. Dann wird es unangenehm pädagogisch. Der

Zuschauer weiß, was er tun muss. Er liefert ein vorhersehbares und bekanntes Verhalten ab.

Der „Souverän", das Publikum

Zu einem individuellen Erkenntnisprozess führt nicht die gute Absicht, Unterdrückung zu benennen oder zu thematisieren, weder bei den Intervenierenden noch bei den Zuschauern. Wenn die Intervention mehr Attitüde als Reaktion aufgrund persönlicher Betroffenheit ist, verkommt die Bühne zu einem „Besserwisser-Raum", dessen pädagogischer Zeigefinger unübersehbar und unangenehm ist. Darüber hinaus kann die deutliche Zeichnung des Opfers oder des Täters dazu führen, dass die Problematik zu stark reduziert wird. Dann verschwinden gesellschaftliche Widersprüche, das Publikum kann nur noch eindimensional eingreifen.

Wenn die Intervention nur bereits Gedachtes reproduziert und lediglich der Selbstbestätigung der eigenen, schon vorhandenen Erkenntnis dient, dann gibt es keine persönliche Entwicklung. Wenn das Forumtheater auf der symbolischen Ebene bestätigt, dass man politisch auf der „richtigen" Seite steht, dann fällt es leicht, die eigene Verstrickung oder den eigenen Gewinn aus den gesellschaftlichen Ungleichheiten auszublenden.

Ohne Kontroverse kein gutes Forumtheater

Wenn man sich mit dem Forumtheater nicht an weitere Themen wagt, wenn man nicht herauszufinden versucht, wie man die Methode an sich verändernde gesellschaftliche Gegebenheiten anpassen kann, dann führt das Forumtheater nicht zu einer ergebnisoffenen Kontroverse. Die Widersprüchlichkeit unserer Gesellschaft wird dann nicht sichtbar und das Forumtheater bleibt eine Spielwiese der Parolen, Phrasen und scheinbaren Wahrheiten.

Werden die oben beschriebenen Herausforderungen berücksichtigt, kann ein Forumtheater ohne pädagogischen Beigeschmack Aufmerksamkeit für gesellschaftliche Problemlagen erzeugen und ein Gegengewicht zur Deutungshoheit der Medien bieten. Dann bietet Forumtheater die Möglichkeit, lebensnah unmanipulierte Menschen auf die Bühne zu bringen und das Verständnis für Kontroverse und Meinungsvielfalt in unserer Gesellschaft zu stärken.

Streitgespräch Teil 2: Gesellschaft und Kreativität

Jens Clausen und Harald Hahn

Clausen: Uneindeutig ist für mich der Begriff Unterdrückung. Er beschreibt einen sehr komplexen Zusammenhang. Was Unterdrückung ist, lässt sich umso schwieriger eindeutig benennen, je komplexer die Rahmenbedingungen und die gesellschaftlichen Realitäten sind. Zum Beispiel kann Arbeitslosigkeit für manche in Deutschland eine

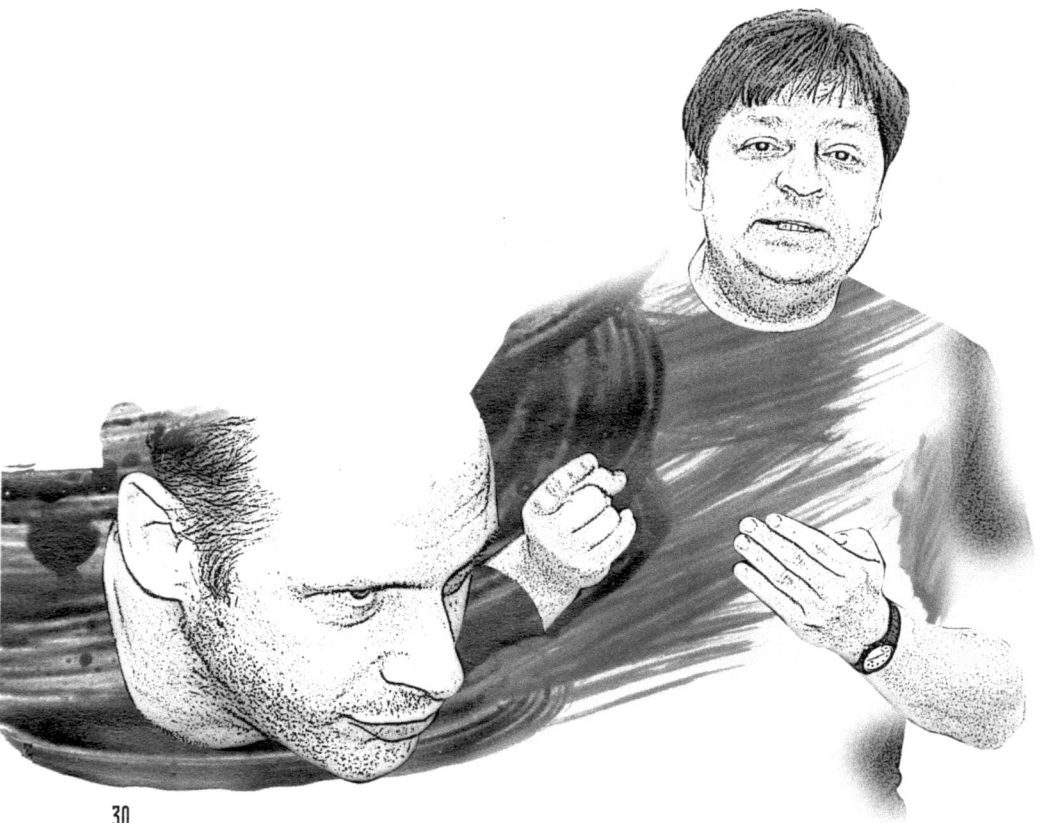

Lebenskatastrophe sein, für andere aber eine sinnvolle Auszeit, um sich neu zu orientieren. Der Umgang damit hängt letztendlich von jedem Einzelnen ab. Aber keine Arbeit zu haben, ist nicht für alle eine Form von Unterdrückung.

Hahn: Es ist gut, dass der Begriff Unterdrückung so uneindeutig ist. Die Gesellschaft befindet sich in einem ständigen Wandel, deshalb ist es notwendig, immer wieder zu thematisieren, worin Unterdrückung in einer Gesellschaft besteht. Dieses Anliegen hat das Forumtheater. Der Schlüssel ist und bleibt die Kommunikation über gesellschaftliche Realitäten.

Clausen: Es hält sich aber immer dieser Terminus Unterdrückung.

Hahn: Aber ich finde diesen Terminus wichtig. Diesen Vorwurf hört man oft, es sei ein Begriff der 70er-Jahre, er sei veraltet und so könnte man doch nicht mehr sprechen. Aber Sprache, also wie wir etwas benennen oder definieren, hat auch Auswirkung auf unser politisches Bewusstsein. So einen Begriff wie Unterdrückung zu tilgen, hat auch eine politische Funktion. Ich gehe davon aus, dass es Unterdrückung auch in unserer Gesellschaft gibt. So ist zum Beispiel der Zugang zu höherer Bildung auch eine Form der Unterdrückung. Wenn zum Beispiel Kinder, die das Pech haben aus „sozial schwachen" Familien zu kommen, nicht auf das Gymnasium gehen können. Die Pisa-Studie hat ja aufgezeigt, wie sehr die Bildungsmöglichkeiten von der sozialen Herkunft abhängen. Der Rassismus ist eine Form der Unterdrückung, die viele Menschen hier in diesem Land jeden Tag erleben. Es gibt viele Formen der Unterdrückung innerhalb dieser Gesellschaft und das sollte auch so benannt werden. Der Begriff Unterdrückung hat ja auch einen moralischen Anspruch. Wer würde schon Unterdrückung gutheißen? Das heißt in der Konsequenz, dass Unterdrückung auf Grund unserer moralischen oder ethischen Überzeugungen beseitigt werden muss. Wenn Leute die Methode des Forumtheaters verwenden und dann ganz anders benennen, zum Beispiel „Theater der Veränderungen" oder „Theater der Handlungsalternativen", wollen sie damit wegkommen von der Positionierung, die das Arbeiten mit dem Begriff Unterdrückung beinhaltet. Wenn man den Terminus „Theater der Unterdrückten" verändert, sollte man zumindest die politische Positionierung beibehalten. Ich gebe dir Recht in der Frage, wer die Definitionsmacht hat was Unterdrückung ist. Ein passendes Beispiel war ja der Umgang mit Arbeitslosigkeit. Aber in Bezug auf Arbeitslosigkeit gibt es für jede Betroffene schon objektive Realitäten. Für mich ist entscheidend, über welche Ressourcen ein Mensch verfügt. Dann sieht die Beurteilung, ob Erwerbslosigkeit Unterdrückung ist oder nicht, anders aus.

Clausen: Ich habe TdU immer so verstanden, dass es mehr um den Entwicklungsprozess geht, den Menschen durchlaufen, wenn sie sich dieser Methode bedienen.

Hahn: Natürlich, aber das Entscheidende ist – und das finde ich an der Theaterphilosophie Augusto Boals so sympathisch – dass er immer eine Verbindung zwischen den Personen und den gesellschaftlichen Strukturen gesehen hat. Die gesellschaftlichen Strukturen der Macht, die wir erleben, sind auch in uns und in unseren Beziehungen vorhanden. Und es ist interessant zu untersuchen, wo wir mit gesellschaftlichen Machtverhältnissen konfrontiert werden und wo wir diese Verhältnisse verändern können. Mir ist im Forumtheater wichtig, den Blick über die Szene hinaus zu öffnen und Bezüge über das Private hinaus zu diskutieren. Denn es sind die Strukturen, die uns prägen. Und das lässt sich nicht nur auf den Einzelnen und seine verschiedenen Handlungsoptionen reduzieren. Die Unterdrückung ist bei uns selten so stark ausgeprägt, dass man nicht oder nie handeln kann. Wichtig ist, welche Ressourcen die Menschen zur Verfügung haben. Das können ökonomische oder nicht-materielle Ressourcen sein, wie zum Beispiel ein hohes Bildungsniveau zu haben oder den Mut sich auszudrücken. Für mich ist auch Theater eine Ressource, weil ich an die Macht des Theaters glaube. Theater machen ist für mich die Befreiung von Einengungen, denen man im Laufe des Lebens unterliegt. Es kann auch helfen seine Spontaneität wiederzuerlangen oder den eigenen Körper anders wahrzunehmen. Zu all dem kann ein Theaterprozess beitragen. Das ist für mich Emanzipation.

Clausen: Du hast eben von der Veränderung von Machtstrukturen gesprochen. Die Bühne kann ein Ort sein, den ich erobern kann, um mich selbst zu befreien oder um zu wachsen. Als Akteur kann ich mich verändern. Das garantiert aber noch nicht, dass die Aufführung einen Veränderungsprozess bei den Zuschauerinnen in Gang setzt.

Hahn: Aber setzt denn das Improvisationstheater Veränderung in Gang, kommen denn da wichtige Themen zur Sprache?

Clausen: Das Improvisationstheater ist sehr pragmatisch, es will keine Veränderung initiieren sondern das Publikum mit dem Dargestellten erreichen. Nur wenn man das Interesse des Publikums erlangt, können die Themen auch wahrgenommen werden. Insofern kommen im Improvisationstheater auch anspruchsvolle Themen vor. Allerdings nicht mit der Erwartung, diese politisch zu hinterfragen.

Hahn: Hast Du jemals Improvisationstheater erlebt, in dem ein Thema, wie zum Beispiel Rassismus, eine Rolle gespielt hat? Gibt es das?

Clausen: Ja, das gibt es. Aber findet für dich ein Thema nur statt, wenn es politisch korrekt herausgestellt oder diskutiert wird?

Hahn: Nein, aber es muss in den gesellschaftlichen Kontext gestellt werden. Es geht um eine Haltung. Das TdU ist auch ein anklagendes Theater, das sich aus Ungerechtigkeit speist und den Wunsch hat, die Welt zu verändern. Es steht in der Tradition von Bertolt Brecht.

Clausen: Das Improvisationstheater will Geschichten erzählen. Von daher ist es schwierig, es mit dem Anliegen des TdU zu vergleichen. In jeder Geschichte wird ein Thema verhandelt. Ich muss allerdings einräumen, dass im Theatersport vor allem der Gag vorangetrieben wird. Oder es verführt die Darstellerinnen dazu, den Gag abzuliefern, weil die Zuschauer ihn sehen wollen. Aber im Grunde ist es so ähnlich wie beim „pädagogischen Zeigefinger" im TdU, der Gag ist nicht das Ziel. Man kann auf den Gag spielen, aber wichtiger ist es, interessante Geschichten auf der Bühne zu erzählen.
Ich habe Improvisationstheater erlebt, bei dem eine gesellschaftliche Realität auf der Bühne präsent war. Ein guter Kollege von mir mit einem deutsch-türkischen Hintergrund bringt immer wieder Figuren auf die Bühne, wie den in Deutschland gebliebenen, älteren türkischen Gastarbeiter. Diese Figur erzählt viel über die Gedanken und Einstellungen der so genannten ersten Generation türkischer Einwanderer. Wenn solche Figuren im Improvisationstheater auftauchen, dann ist immer auch gesellschaftskritisches präsent, ohne dass es problematisiert wird.

Hahn: Ein Kennzeichen des Forumtheaters ist, dass da ein Konflikt problematisiert wird. Ich würde aus unserem Gespräch folgendes schlussfolgern: Das Improvisationstheater möchte Geschichten erzählen, aber sein Fokus liegt oft auf den Gags, auf dem Amüsement und dem Spaß, womit ich meine Probleme habe. Das TdU wiederum ist ein diskussionsfreudiges, aber kein pädagogisches Zeigefingertheater. In der Umsetzung wird es aber oft so wahrgenommen. Beide Theaterformen haben eine unterschiedliche Dominanz, beim Improvisationstheater ist es der Gag und beim TdU der pädagogische Zeigefinger, obwohl man es anders machen könnte. Für mich ist das die Herausforderung für die zukünftige Weiterentwicklung beider Theaterformen in Deutschland: Wie lässt sich ein TdU ohne moralischen oder pädagogischen Zeigefinger entwickeln und als Kommunikations-

Streitgespräch Teil 2 – Gesellschaft und Kreativität

instrument nutzen? Und wie kann man im Improvisationstheater das Geschichtenerzählen und den ernsthaften Inhalt stärker in den Vordergrund stellen als den Gag? Oder wird es dann langweilig?

Clausen: Nein, es wird nicht langweilig, sobald es ernsthaft wird. Wenn die Spieler es verstehen, etwas „wahrhaftig" – du würdest es „ernsthaft" nennen – aus ihrer Lebensrealität in die Geschichten mit einfließen zu lassen, dann ist das eine Qualität im Improvisationstheater.

Hahn: Aber was wird mit den Geschichten angefangen? Auch im Forumtheater spielt Lebensrealität mit. Aber diese wird mit dem Publikum diskutiert und kann dekonstruiert oder verändert werden. Das dargestellte Alltagsleben wird nicht als gegeben angesehen, sondern kann kritisch hinterfragt werden. Wo hinterfragt das Improvisationstheater kritisch die dargestellte Situation?

Clausen: Das gleiche kannst du das Forumtheater auch fragen, kann es die Realität tatsächlich kritisch in Frage stellen? Muss man nicht zwischen Form und Wirkung unterscheiden? Allein dadurch, dass die Moderatorin im Forumtheater die Szene zur Diskussion stellt, stellt sich nicht schon automatisch eine Dekonstruktion der Vorstellungen von Welt ein. Im Gegenteil: Man muss sich der Fiktion im Medium Theater stärker bewusst werden. Was im Forumtheater stattfindet, ist keine gesellschaftlich fundierte Auseinandersetzung, sondern es ist ein Anreißen von Wirklichkeitswahrnehmungen, -schilderungen und -äußerungen, die im Kontext von Theater stattfinden und fiktiv bleiben. Sie sind ein Bestandteil eines Theatervorgangs und nicht Realität.

Hahn: Meine Frage war, wo in einer Aufführung des Improvisationstheaters die auf der Bühne produzierten oder reproduzierten Vorstellungen von Welt kritisch hinterfragt werden. Im Forumtheater besteht zumindest die Möglichkeit, die Vorstellung von Welt – ich finde das ist ein schöner Terminus – zu hinterfragen.

Clausen: Wenn du den Theaterprozess meinst, kann der Zuschauer jederzeit das Dargestellte infrage stellen. Improvisationstheater ist ja auch kein Illusionstheater. Auch hier ist der Vorgang immer offengelegt. Aber natürlich stellt keine Moderatorin Fragen zur Szene, wenn du das meinst. Ich finde im Improvisationstheater wird die Welt auf eine andere Weise hinterfragt. Hier wird ins Zentrum gerückt, was in diesem Augenblick zwischen den Darstellerinnen und im Zusammenspiel mit dem Publikum entsteht. Es geht nicht um Reflektion, sondern es geht um kreativen und spontanen

Ausdruck. Das kann etwas sehr befreiendes sein in einer Gesellschaft, die Spontaneität wenig wertschätzt, sondern von jedem Einzelnen zunehmend Perfektion in allen Lebensbereichen erwartet. Das Leben im Augenblick, die Möglichkeit, sich auszuprobieren und dabei über die Stränge zu schlagen oder zu scheitern, das nimmt immer mehr ab. Die Improvisation befreit die Darstellerinnen vom Regisseur und den Dramatikern, es ist eine Befreiung zu Gunsten derjenigen Anteile ihrer Persönlichkeit, die absolut originär sind und die jede Darstellerin auf der Bühne einmalig und unersetzlich machen. Und das ist ein sehr schönes Menschenbild, das sich da transportiert. Mir liegt die Vorstellung fern, dass sich beim Zuschauer irgendetwas verändert, wenn im Theaterprozess gesellschaftliche Probleme direkt angesprochen werden.

Ich mache mit im Kieztheater, weil es spannend ist, Teil einer so heterogenen Theatergruppe zu sein.

Hier begegnen sich Menschen unterschiedlichen Alters und Gesinnung, die die Sprache des Theaters für einen produktiven Austausch innerhalb der Gruppe und mit dem Kreuzberg-Kiez nutzen.

Tanja

Hahn: Warum glaubst Du das nicht? Wenn das Publikum empört ist, wenn in der Forumtheaterszene etwas geschieht, das die Zuschauerin berührt und von dem sie nicht möchte, dass es so stattfindet, dann wird es bei der Zuschauerin auch den Impuls auslösen, in dieser Szene zu intervenieren.

Clausen: Aber auch der empörte Zuschauer weiß, dass er sich im Theater befindet.

Hahn: Es ist Forumtheater und nicht die Realität.

Clausen: Da ist das Improvisationstheater ehrlicher, weil es den Theatervorgang realistischer analysiert. Ich denke, dass alle Besucherinnen im Forumtheater wissen, dass sie in einem Theater sitzen. Wenn man da auf der Bühne agiert, weil man empört ist, findet die Empörung dennoch auf einer Bühne statt. Und es wird unterschieden zwischen diesem Handeln auf der Bühne und dem Handeln im realen Leben.

Hahn: Aber davon geht auch das TdU aus. Im Forumtheater spricht Augusto Boal vom Probehandeln. Das Theater kann die Möglichkeit geben, auf Probe zu handeln. Deshalb wird Forumtheater auch zum Erlernen von Zivilcourage angewandt. Man kann zum Beispiel lernen, wie man in der Straßenbahn auf Pöbeleien reagiert, oder wie man im Sinne von Gewaltprävention mit Konflikten umgeht. Da kann das Forumtheater in einem geschützten Raum – das Theater ist hier so ein Schutzraum – die Möglichkeit geben, anders zu handeln. Dann wird man – so ist die Hoffnung – auch im realen Leben in der konkreten Situation anders handeln.

Clausen: Das ist aber nur eine Hoffnung.

Hahn: Man kann die Wirkung schlecht verifizieren. Es ist die Hoffnung der Theaterpädagogik, und Pädagogik kann generell nur Angebote machen.

Clausen: Ja, natürlich kann auch das Theater nur Angebote machen, Erkenntnisse zu gewinnen. Aber man muss sich doch die Frage stellen, warum man diesem „Probehandeln" zuschauen soll.

Hahn: Weil es Theater ist …

Clausen: Aber in dem Moment indem jemand zuschaut, gelten andere Gesetze als die pädagogischen. Es kann ja sein, dass derjenige, der auf der Bühne interveniert, das Gefühl hat, dass dieses Probehandeln im Bezug zu seiner Realität bedeutsam ist. Das gilt leider nicht gleichermaßen für die Zuschauerin. Für die Zuschauerin ist die Beziehung zum Problem immer medial vermittelt. Das wird ja zum Beispiel in der Bemerkung deutlich, dass etwas authentisch gespielt wurde. Es geht am Ende darum, wie fesselnd und interessant der Abend für die Zuschauerinnen war.

Hahn: Ich wünsche mir einen Theaterabend, der nicht nur fesselnd und interessant ist, sondern der mich anregt über mich – und das ist für mich ganz zentral – und die Gesellschaft, in der wir leben, nachzudenken.

Clausen: Aber eine gute Geschichte wird das immer erreichen. Natürlich zeichnet das Forumtheater der Wille aus, ein emanzipatorisches Theater zu sein. Allerdings wird es nur wirken können, wenn es nicht zum Problemtheater wird. Das Improvisationstheater wirkt dadurch, dass es die Darsteller mit ihren Fähigkeiten ins Zentrum der Reflexion setzt. Am Ende wollen wir – ob es um Emanzipation oder um die Demonstration kollektiver Kreativität geht – den Zuschauer mit unserer Theaterarbeit begeistern. Ein schönes Wort. Wenn wir die Zuschauer nicht erreichen, ist beides vergebens.

Vom Theater im Kiez zum Kieztheater

Jens Clausen und Harald Hahn

Was ist der Kiez?

Bei der Entwicklung der Theaterarbeit leiteten uns zunächst folgende Fragen: Was ist der Kiez? Und wie kann ein Theater für den Kiez aussehen?

In Berlin versteht man unter Kiez einen städtischen Raum, der wesentlich kleiner ist als ein Bezirk. Es ist ein geographisch abgegrenztes Gebiet, das meist um einen Platz oder eine Ladenstraße gelegen ist, deren Zentrum die namensgebenden Plätze oder Straßen sind. Mit dem Begriff „Kiez" sind auch die sie umgebenden oder angrenzenden Straßenzüge miteinbezogen. Ein Kiez wird in Berlin hauptsächlich durch große Verkehrsstraßen, Kanäle, Eisenbahntrassen und große Friedhöfe begrenzt. Innerhalb Kreuzbergs lässt sich daher eine ganze Reihe von Kiezen identifizieren, die sich ganz erheblich in ihrem Erscheinungsbild, in der Bewohnerstruktur und in der Bebauung unterscheiden. Dadurch hat jeder Kiez seine eigene Wohnatmosphäre sowie auch seine spezifischen Problemlagen.

Schon in der Projektentwicklung erschien uns deshalb ein einziger Kiez in Kreuzberg als zu kleinräumig, um als Bezugsgröße für das Kieztheater zu dienen. Gleichzeitig war klar, dass wir nicht in allen Kreuzberger Kiezen präsent sein konnten. Dennoch starteten wir mit dem Namen „Kieztheater Kreuzberg", wohl wissend, dass wir weder ganz Kreuzberg noch einen Kiez im Besonderen bearbeiten würden. Für uns war zu Beginn entscheidend, uns mit den Lebensbedingungen, dem Lebensgefühl und dem Wohnumfeld in Kreuzberg zu befassen.

Was sind Kiezthemen und was ist der Kiezbezug?
Die Schwierigkeit bei der Erarbeitung von Kiezthemen war für uns die Auswahl der komplexen Themen. Wir stellten uns im Verlauf des Projektes immer wieder die Frage, welche Themen für das Wohnumfeld relevant sind, beziehungsweise ob sich die Themen direkt auf die Nachbarschaft beziehen lassen.

Beispiel 1: Auf dem Zickenplatz steht eine Parkbank, die von „Alkoholikern" bevölkert wird. Es gibt zwischen diesen und anderen Nutzerinnen der Parkanlage immer wieder Konflikte. Ist das ein Kiezbezug? Die direkte, nur vor der Haustür anzutreffende Thematik?

Beispiel 2: Der Hundekot auf dem Gehweg ist direkt vor der Tür anzutreffen. Aber ist das ein Kreuzberger Kiezthema, oder nicht doch eines für ganz Berlin?

Beispiel 3: Wie ist es mit dem Thema Armut? Ist das ein Thema, das im Wohnumfeld präsent ist? Allerdings wird Armut nicht durch das Wohnumfeld produziert, sondern es wird lediglich dort sichtbar. Ist es deshalb kein Kiezthema?

Beispiel 4: Sind Rassismus, Integration und Migration spezifische Kreuzberger Themen, weil in Kreuzberg besonders viele Familien mit Migrationshintergrund leben? Hier werden die Konflikte besonders deutlich. Hier gibt es die so genannten „Parallelwelten". Aber sind Einwanderung, Integration und Exklusion nicht gesamtgesellschaftliche Themen, die sich eben nicht auf die kleine Einheit des Kiezes reduzieren lassen?

Wir mussten feststellen, dass Konflikte nicht nur im Mikrokosmos Kiez sondern meistens auch auf der Makroebene der Gesamtstadt oder des Staates sichtbar werden. Wie die Beispiele zeigen, kann ein Kiezbezug nicht eindeutig definiert werden. Deshalb war für uns eine abschließende Definition nicht notwendig. Wichtig war uns, mit der Theatergruppe zu diskutieren, ob bei dem ausgewählten Thema ein „ausreichender" Kiezbezug vorhanden war. Der Entscheidungsprozess rechtfertigte den „Kiezbezug". Wenn die Gruppe sich entschieden hatte, wurde recherchiert, wie sich das Thema im Kiez konkret manifestierte.

Das Motiv unserer Arbeit war nicht per se die Fragestellung was Kiezthemen sind. Diese Frage mussten wir erörtern, um an Themen zu kommen. Ein weiteres Leitmotiv für uns war deshalb, was die Theatergruppe für politisch relevant hält, um damit auf die Kiez-Bühne zu gehen. So konnte das Kieztheater Kreuzberg gesellschaftspolitische Themen, wie zum Beispiel die Armut in unserer Gesellschaft und der Umgang mit „behinderten" Menschen, auch in seinem Kiezkontext sichtbar machen. Diese Vorgehensweise wurde auch durch die Zuschauerreaktionen bestätigt, da auch im Publikum keine homogene Vorstellung über den Kiez vorhanden war.

Vom Klischee zum Detail

Für uns war es interessant zu erfahren, ob es ein Kiezbewusstsein gibt. Was ist Kiezbewusstsein? Und vor allem wie entwickelt es sich? Schließt unsere Vorstellung von Kiez die großen Themen wie Armut mit ein, oder nehmen wir den Kiez nur in Form von Klischees, Schlagwörtern und Schlagzeilen wahr, die von den Medien gesteuert werden?

Kreuzberg wird beispielsweise immer mit unterschiedlichen Klischees in Verbindung gebracht. Mal gilt er als Problembezirk, mal als schriller multikultureller lebendiger Stadtteil. Manche sehen Kreuzberg als Beispiel gelungener Integration, wieder andere sehen diese als misslungen an. Je nachdem mit welcher Haltung man durch den Bezirk geht, wird man unterschiedliche Beispiele und Gegenbeispiele entdecken können. Letztendlich entscheidet die Aufmerksamkeit des Beobachters, ob er den Anteil der Kinder mit Migrationshintergrund an Schulen oder die Angebotspalette des türkisch geprägten Wochenmarktes als Kiezthema wahrnimmt. Einen nicht unerheblichen Einfluss auf die Alltagsdiskurse haben die Medien mit ihren klischeehaften Zuspitzungen, die das Bild eines Bezirks nach innen und außen prägen. Wesentlich für die Wahrnehmung des Kiezbezugs ist auch die Frage, inwieweit man in Entwicklungen im Wohnquartier eingebunden ist. Je mehr man über den Kiez weiß, desto differenzierter sind auch die Erwartungen an das Kiezthema.

Mit welchen Zuschauererwartungen würden wir es im Kieztheater zu tun bekommen? Unser Publikum bestand keineswegs nur aus Bewohnerinnen eines Kiezes, sondern, ähnlich wie bei den Akteuren auf der Bühne, handelte es sich um eine Mischung von Kreuzbergerinnen unterschiedlicher Kieze und erstreckte sich bis hin zu Ehemaligen oder „Wahlkreuzbergerinnen", die außerhalb Kreuzbergs wohnen. Wir begegneten allen Facetten an Erwartungen zu „Kiezbezogenheit" und „ typisch Kreuzberg", denen wir nicht in ganzer Breite gerecht werden konnten. Mal hatten wir einen „engeren" mal einen eher „allgemeineren" Kiezbezug bei den Aufführungen. Am Abend selbst stand eher die Frage im Mittelpunkt, wie dem Publikum das Thema vermittelt wird, beziehungsweise wie die unterschiedlichen und „unvorhersehbaren Kiez-Erwartungen" auf die dargestellte Problematik gelenkt werden. Dafür steht im Forumtheater der Joker.[10] Er moderiert den Abend und von seinen Fähigkeiten kann es abhängen, ob sich ein Thema als Kiezthema etabliert. Es liegt in der Verantwortung der Gruppe, aus der Vielzahl der Möglichkeiten ein Thema auszuwählen. Ebenso liegt es in der Verantwortung des Jokers, unterschiedliche Erwartungen in den Aufführungen zu integrieren.

Eine Szene für den Kiez
Das Kieztheater lebt von der Authentizität der Darstellerinnen.[11] Konsequenterweise haben wir deshalb auch am Beginn des Projektes die Themen aus der Lebenswelt der Teilnehmerinnen der Theatergruppe aufgenommen. Später kamen die Themen dann nicht mehr primär aus dem direkten biografischen Bezug, sondern gingen auf einen Zeitungsartikel zurück oder ähnliches. Die Fragen nach der Motivation für eine Szene und auf welchem Weg sich die Darstellerinnen das Thema aneigneten, wurden zu wichtigen konzeptionellen Aufgabenstellungen. In der Folge verstärkten wir unsere Szenen durch einen Experten aus dem Kiez, der nach den Forumtheaterszenen in einem Interview die Brücke schlagen konnte zu Entwicklungen im Kiez und der weitere Informationen über den Sachverhalt vor Ort beitragen konnte.

Auf dem Graefekiez-Fest[12] zeigten wir eine Fahrradszene:

Die Fahrradfahrerszene
Eine Frau fährt Fahrrad, symbolisiert durch einen Fahrradlenker, und ein Mann fährt Auto, symbolisiert durch ein Lenkrad. Der Autofahrer reagiert zunehmend entnervt, weil seine Fahrbahn durch die langsamer fahrende Radfahrerin blockiert wird. Sein anschließendes Überholmanöver bringt die Fahrradfahrerin zum Sturz. Der Autofahrer hält nur kurz an, ohne der liegenden Frau Hilfe zu leisten. Ein Passant beobachtet das Ganze.

---

10 Der Joker übernimmt im Forumtheater zentrale Aufgaben. Darum widmen wir im hinteren Teil dieses Buches dem Joker ganz besondere Aufmerksamkeit.
11 Im klassischen Forumtheater sind die Schauspieler die Expertinnen des Alltags. Sie müssen sich in dem dargestellten Konflikt, der zumeist aus ihrer Biografie stammt, auskennen, um angemessen auf die Interventionen des Publikums in der Forumtheaterszene reagieren zu können.
12 Beim Graefekiez-Fest handelt es sich um ein einmal jährlich stattfindendes Stadtteilfest, das von Anwohnerinnen, Gewerbetreibenden und sozialen Organisationen aus dem Kiez veranstaltet wird.

Diese Forumtheaterszene wurde bewusst sehr vereinfacht und minimalistisch dargestellt, damit wir sie unter den schwierigen Straßentheaterbedingungen auf dem Graefekiez-Fest zeigen konnten.

Im anschließenden Interview ergänzte ein Vertreter der Interessengemeinschaft Graefe-Kiez die Szene mit einem Verweis auf die Situation im Kiez. Denn im Graefe-Kiez war es zuvor häufiger zu Zusammenstößen von Fahrradfahrern und Fußgängerinnen gekommen. Nach der von der Initiative erfolgreich angestoßenen Verkehrsberuhigungsmaßnahme durch den Einbau von Bodenschwellen auf der Fahrbahn fuhren die Autos zwar langsamer, aber die Fahrradfahrern drängten sich zunehmend auf den schmalen Bürgersteigen.

Während die Forumtheaterszene eindeutig Partei für die Radfahrerin ergriff und die Sympathien des Publikums nicht zuletzt aufgrund der Szenenanordnung bei der Radfahrerin lagen, ergab das Experteninterview einen anderen Blick auf die Verkehrssituation im Graefe-Kiez. Durch einen Perspektivwechsel hin zu „Fahrradfahrern als potentielle Unfallverursacher", war eine differenzierte Wahrnehmung der Konflikte über die Verkehrsberuhigung im Kiez möglich.

Der Heldinnenabend oder Heldinnen des Alltags
Ein weiterer wichtiger Entwicklungsschritt war das Konzept der „Heldinnen des Alltags". Uns interessierten die ganz normalen Menschen im Kiez: „Alltagshelden", die sich in irgendeiner Weise bürgerschaftlich-gesellschaftlich engagierten.

Wir wollten einen Theaterabend gestalten, bei dem ein Kreuzberger oder eine Kreuzbergerin im Zentrum des Abends steht. Das Publikum sollte sich mit den Themen auseinandersetzen, für die sich unser Held, unsere Heldin engagiert.

Für die erste Umsetzung des Konzeptes suchten wir zunächst im persönlichen Umfeld der Theatergruppe einen geeigneten Menschen, auf den unsere Vorstellung von Alltagsheld zutraf. Wir fanden einen Mann, der seine Tochter als alleinerziehender Vater großgezogen hatte, der sich in seinem Beruf im Krankenhaus gewerkschaftlich und privat aktiv für Flüchtlinge engagierte. Diese drei Themen machten ihn zu unserem ersten „Alltagshelden". Er erfüllte auch das von uns festgelegte Kriterium, dass sich der Alltagsheld durch sein sozial-gesellschaftliches Engagement auszeichnen sollte. Auf der Grundlage eines Interviews begannen wir Forumszenen zu den Themen „alleinerziehender Vater" und „Arbeitswelt Krankenhaus" zu entwickeln.

Krankenhausszene
Für die Krankenhausszene wählten wir als zentrale Figur eine alleinerziehende Mutter, die am Ende ihrer Schicht gebeten wird, wegen Personalmangels länger

auf der Station zu arbeiten. Liegende und sitzende Patienten stellen die Krankenstation dar. Der liegende Patient stöhnt und verlangt Medizin gegen seine Schmerzen. Die Krankenschwester muss ihn immer wieder beruhigen und ihm etwas zu trinken bringen. Zwei weitere Patienten sitzen vor einem Fernseher und warten gespannt auf die in Kürze beginnende Fußballübertragung. Beide sind etwas genervt von der Jammerei im Krankenbett nebenan und voller Wertschätzung für die Geduld und Pflege der Krankenschwester. Die Stationsleitung kommt vorbei und bittet nachdrücklich um die Verlängerung der Arbeitszeit, weil die Ablösung krank ist und der Ersatz später kommen wird. Die Hauptfigur macht geltend, dass sie ihre Tochter von der Schule abholen muss, denn diese käme gegen 16.00 Uhr von einer Klassenreise zurück. Deshalb müsse sie pünktlich abgeholt werden. Sie könne ihre Tochter nicht alleine mit ihrem Koffer auf der Straße warten lassen. Das Angebot einer Kollegin, die Schicht freundlicherweise zu übernehmen, wird von der Stationsleitung als eigenmächtig und nicht der Planung entsprechend abgelehnt. Die Hauptfigur willigt zähneknirschend in die Weiterarbeit ein, wird aber ihren Patienten gegenüber aggressiv.

Nach der Entwicklung des Szenenentwurfs präsentierten wir unserem Helden dieses Zwischenergebnis, um von ihm ein Feedback einzuholen. Wichtig war uns, ob die Szene realistisch wirkte und einen „Wahrheitsgehalt" besaß. Das konnte uns der Held bei seinem Probenbesuch bestätigen. Er gab uns den wichtigen Hinweis, dass die Arbeitsregelungen in so einem Konfliktfall vorsehen, dass die Stationsleitung die Krankenschwester nicht zwingen kann zu bleiben, sondern im Notfall selbst den Dienst übernehmen muss.

Edelstein: Der Probenbesuch

Zur Entwicklung einer Forumtheaterszene gehört es, Hintergründe der dargestellten Situation genau zu kennen. In diesem Fall ging es um die Regelungen bezüglich Überstunden und Vertretung im Krankenhaus. Unser „Alltagsheld" konnte uns durch sein Fachwissen in diesen Fragen detaillierte Auskunft geben. Auch wenn Theaterszenen die Realität oft nicht eins zu eins widerspiegeln, kann ein fachkundiger Blick von Außen bei der Entwicklung der Szenen helfen, um weitere Informationen zu erhalten. Trotz eigener Recherchen und eigenen Erfahrungen der Gruppe aus dem Arbeitsalltag Krankenhaus war der Probenbesuch unseres „Alltagshelden" ein wichtiger Arbeitsschritt. Die Szene wurde durch seine Hinweise in einigen wichtigen Punkten korrigiert und verstärkt. Wir konnten uns danach jedenfalls sicher sein, dass unsere Szenen realistisch waren und sich die Darstellerinnen auf sicherem Terrain bewegten.

Kein Held

Bei seinem Besuch stellte sich aber gleichfalls heraus, dass der „Held" Bedenken hatte. Er wollte nicht im Mittelpunkt eines öffentlichen Theaterabends stehen, weil er sich nicht als Alltagsheld empfand. Daraufhin veränderten wir unsere Konzeption und anonymisierten die reale Person. Zu Beginn des Abends wurde der Held zwar angekündigt, doch statt einer Person kamen alle Darsteller der Reihe nach auf die Bühne und stellten sich als der Alltagsheld „Karl" vor.

„Ich bin Karl, ich bin allein erziehender Vater," Ich bin Karl, ich habe eine Tochter", „Ich bin Karl, ich habe heute eine Katze gerettet", „Ich bin Karl, ..." usw.

> **Mal nicht verkopft zu sein, das gefällt mir.**
> Auf Probleme zugehen, und auf Menschen zugehen.
> Im Kieztheater ist alles möglich. Proben ist Ausprobieren: Positionen vertauschen, neue Antworten kennen lernen, mit der Gruppe und dem Publikum experimentieren. Das macht locker und ist toll. Da ist nichts so richtig kontrollierbar. Und das macht mich auch im Alltag mutiger.

Lucia

Erst im Interview nach der ersten Forumszene stellten wir klar, dass der Held die „reale" Vorlage für Karl sei. In Wirklichkeit unterschied sich der Held aber in einigen Punkten von dem zentralen Protagonisten der Forumszene über einen alleinerziehenden Vater. So hatte unser Alltagsheld im Vergleich zu unserer Szene nie aufdringliche Nachbarn, die seine Erziehungskompetenz in Frage stellten.

Bei der Konzeption des Heldenabends mussten wir eine schwierige Entscheidung treffen. Wir konnten nicht alle drei Themen, „alleinerziehender Vater", „Arbeitswelt Krankenhaus" und „Flüchtlingshilfe", als Forumszenen gestalten, da dies den zeitlichen Rahmen gesprengt hätte. Gleichzeitig waren uns alle drei Themen gleich wichtig und bedeutsam. Um auch der Flüchtlingsproblematik einen angemessenen Raum zu geben, beschlossen wir, das Publikum durch eine theatralische Animation emotional zu erreichen. Dies erschien uns als passend, um ein Experteninterview mit der medizinischen Flüchtlingshilfe Berlin als weiteren thematischen Baustein des Abends in Szene zu setzen.

Szene Grenzkontrolle Kreuzberg

Plötzlich erscheinen die Darstellerinnen des Kieztheaters als Grenzkontrolleure der so genannten „Kreuzberg-Kontrolle". Sie überprüfen alle Zuschauerinnen, ob sie in Kreuzberg wohnen oder eine Aufenthaltsgenehmigung für Kreuzberg vorweisen können. „Nichtkreuzbergerinnen" wurde eine befristete Aufenthaltsgenehmigung durch Kartoffelstempel ausgestellt mit der amtlichen Auflage, Kreuzberg nach vierundzwanzig Stunden wieder zu verlassen. Dabei ahmten die Darstellerinnen äußerlich die Grenzkontrolleure der DDR nach, wie sie mit „Bauchklapptisch" in den Transitzügen die Durchreisevisa der Passagiere kontrollierten.

Nach diesem animierenden Element wurde das Interview mit der medizinischen Flüchtlingshilfe Berlin geführt. Zwei Personen berichteten aus ihrer Praxis und erläuterten ihr politisches Engagement für Flüchtlinge.

Die theatralische Klammer

Wir wollten verschiedene Theaterelemente, wie kurze Spielszenen, Publikumsanimationen und Gesangseinlagen mit den Forumtheaterszenen verbinden, wobei jedes Element in seiner Eigenständigkeit eine künstlerische Qualität aufweisen sollte. Wir wollten eine Gesamtästhetik erreichen, durch die das sinnliche und emotionale Erlebnis deutlich zum Vorschein kommt. Ergänzt wurden die Forumtheaterszenen durch Experteninterviews, die weitere inhaltliche Akzentuierungen in den Abend einbrachten, welche im Forum selbst nicht zur Sprache kamen.

Die verschiedenen Ausdrucksformen des Theaters, wie zum Beispiel Tanz, Musik, Bildertheater, Improvisationstheater und Stehgreiftheater, ermöglichten viele unterschiedliche Zugänge zu dem inhaltlichen Thema. Diese Bandbreite ästhetischer Ausdrucksweisen ist somit auch geeignet, unterschiedliche Erwartungen, Vorlieben des Publikums zu befriedigen. Gerade in diesem Sinne verstehen wir Kieztheater als eine Weiterentwicklung des Forumtheaters.

Beim „Heldenabend" bildete die Frage, was eine Heldin ist, den Ausgangspunkt zur Entwicklung einer theatralischen Klammer. Um den Unterschied zwischen dem klassischen Heldenbegriff und dem des Alltagshelden darzustellen, begann die Aufführung mit folgenden Szenen:

Szene Eins
Ein Schauspieler warnt die Zuschauerinnen: ein Meteorit bewege sich unaufhaltsam auf Berlin zu. Niemand müsse Angst haben, denn Supermann sei da.
Auftritt Supermann.
Die Moderation erläutert, dass es sich um einen Heldinnenabend handelt und macht darauf aufmerksam, dass es unterschiedliche Vorstellungen von Helden gibt.

Szene Zwei
Der klassische Held: Auftritt zweier Degenfechter in der Manier klassischer Theaterstücke, der Gute tötet den Bösen.

Szene Drei
Der literarische Held. Auftritt Don Quichotte und Sancho Pansa. Beide haben sich in den Spielort verirrt, verfolgen aber weiterhin unbeirrt ihren Auftrag. Don Quichotte entdeckt neue Windmühlen und verlässt den Raum.
All das, so erklärt die Moderation, sei mit dem Begriff nicht gemeint und kündigt einen modernen Heldentanz an.

Szene Vier
Es folgt ein Tanz aller Spielerinnen, die abstrakte Heldengesten tänzerisch darstellen.
Die Moderation erklärt, dass im Zentrum des Abends ein Alltagsheld steht.

Gegen Ende der Aufführung taucht unser Motiv in einer Gesangsdarbietung der Theatergruppe noch mal auf, indem wir einen Hit von Herbert Grönemeyer mit einem neuen Text darbieten. Dieses Lied bildet einen gelungenen Abschluss des Abends.

Helden
(nach Herbert Grönemeyers „Männer")

Helden nehm'n in den Arm, Helden geben Geborgenheit
Helden weinen öffentlich, Helden brauchen viel Zärtlichkeit
Helden sind so verletzlich
Helden sind auf dieser Welt einfach unersetzlich

Helden kaufen ein, Helden wählen Ökostrom
Helden labern nicht blöde, Helden haben ein Telefon
Helden sind allzeit bereit
Helden pfeifen auf Geld und die Gehässigkeit

Refrain:
Helden haben's schwer, nehmen's leicht
Außen hart und innen ganz weich
werden als Kind schon als Held geeicht
Wann ist ein Held ein Held
Wann ist ein Held ein Held
Wann ist ein Held ein Held

Helden haben Muskeln, Helden sind furchtbar stark
Helden können alles, Helden kriegen 'nen Herzinfarkt
Helden sind einsame Streiter
müssen durch jede Wand, müssen immer weiter

Helden kriegen gerne Kinder, Helden finden das wunderbar
Helden sind auch Menschen, Helden sind etwas sonderbar
Helden sind so verletzlich
Helden sind auf dieser Welt unersetzlich

Helden gibt es auch in Kreuzberg, Helden kommen nie zur Ruh
Helden gibt es überall, Helden sind auch ich und Du
Helden sind ganz alltäglich – Helden scheitern an diesem Lied manchmal kläglich

Edelstein: Positives Provozieren
Die Kommunikation mit dem Publikum war für uns ein zentrales Anliegen. Das Bedürfnis des Publikums, sich zu beteiligen kann sehr vielfältig angeregt werden. In diesem konkreten Fall führte der Titel der Veranstaltung „Heldenabend" zu einer Kontroverse im Publikum.
Die Frage des Jokers an unseren „Alltagshelden" und an die Interviewgäste der medizinischen Flüchtlingshilfe, ob sie sich als „Alltagsheld" sähen oder nicht, beschäftigte das Publikum sehr. Diese Kontroverse jenseits der Szenen war für den Abend hilfreich, weil es die emotionale Beteiligung der Zuschauer am gesamten Abend steigerte. In diesem Falle führte eine Provokation zu konstruktiven Kontroversen.

Projekte und Initiativen im Mittelpunkt des Kieztheaters
In einem weiteren Entwicklungsschritt griffen wir die Erfahrungen aus dem Heldinnenabend auf und entwickelten diese Form weiter. Im Mittelpunkt eines Theaterabends sollte nun nicht mehr eine aktive Person wie der Alltagsheld stehen, sondern eine lokale Initiative, beziehungsweise ein lokales Projekt. Eine solche Initiative sollte konkrete, im Kiez vorhandene Themenfelder oder Aktivitäten zur Erarbeitung einer Forumtheaterszene mitbringen. Das Kieztheater verstand sich dabei als eine Art „Durchlauferhitzer". Die Absicht war, gesellschaftlich aktuelle Themen anzusprechen und gleichzeitig aus dem Kiez zu berichten.
Das Auswahlverfahren lehnte sich an das bisherige Vorgehen an. Die Theatergruppe entschied gemeinsam, welche Initiativen und Projekte sie für relevant hielt. Aus dieser Vorauswahl wählten die Theateraktiven demokratisch die Initiative beziehungsweise das Projekt aus, der/dem sie ein Forum geben wollten. Über Interviews wurden die Themen und Konfliktfelder erkundet, mit denen sich die Aktivistinnen der Initiative oder des Projektes beschäftigten. Gesucht wurden interessante Konflikte, die sich stellvertretend für das Gesamt-Thema darstellen ließen.
Das Kieztheaterensemble gestaltete aus den Konflikten zwei Forumszenen, die es gemeinsam mit den Expertinnen des Projektes überprüfte. Dazu wurde dann ein geeigneter Rahmen entwickelt, der den gesamten Kieztheaterabend strukturierte und dramaturgisch gliederte. Bestandteil war auch immer ein Interview mit Vertreterinnen der ausgewählten Initiative.

Auswahlverfahren der Themen und Initiativen
Zunächst befragten wir die Theatergruppe nach Gesellschaftsfeldern, mit denen sie sich gerne beschäftigen wollten. So entstand eine Vielzahl von individuellen Vorschlägen, die wir wiederum unter große Überschriften zusammenfassten. Es ent-

wickelten sich die Oberthemen: Schule, Erziehung, Behinderung, Wohnen und Stadtentwicklung.
Nachdem sich alle Teilnehmerinnen einem dieser Oberthemen zugeordnet hatten, bildeten wir Arbeitsgruppen, die nach Initiativen im Kiez recherchierten.
Bedingung war, dass die Initiativen innerhalb der festgelegten Oberthemen im Kiez aktiv sind. Um nicht aus einer großen Zahl von Projekten auswählen zu müssen,

Im Kieztheater kann ich Aspekte meiner Person in einem ungezwungenen Rahmen erleben und erproben, vor allem leibliche, die im Alltag zu kurz kommen.

Frithjoff

wählten wir ein pragmatisches Verfahren. Zunächst einmal wollten wir herausfinden, welche Initiativen mit uns kooperieren würden. Dann galt es, in Erfahrung zu bringen, in welcher Weise sich die Initiativen mit dem Oberthema auseinandersetzen. Dazu bildeten sich kleine Interviewteams, die den Kontakt aufnahmen und erste Interviews führten. Im Verlauf des Auswahlverfahrens entwickelten sich die zwei Themen, „Behinderung" und „Wohnen und Stadtentwicklung" gleichermaßen produktiv weiter.
Zu beiden Oberthemen standen mehrere Initiativen zur Auswahl. Nun mussten wir uns entscheiden. Um kein Thema auszuschließen, planten wir zu jedem der beiden Themen einen Theaterabend. Wir entschieden uns, zunächst dem Thema „Behinderung" und danach „Wohnen und Stadtentwicklung" ein Forum zu geben. Wir begannen mit dem Thema „Behinderung", da unsere Recherchen bei diesem Thema weiter fortgeschritten waren und wir bereits einen intensiven Austausch mit einem interessanten Projekt hatten.

Mondkalb – Zeitschrift für das organisierte Gebrechen
Unsere Wahl fiel auf ein Zeitungsprojekt: „Mondkalb".[13] Die Autorinnen der Zeitung, die selbst von Behinderung betroffen sind, gehen sehr offen und „politisch unkorrekt" mit ihrer Behinderung um.[14] In ihren Artikeln beschreiben sie mit bissigem Spott und Selbstironie den Umgang mit „behinderten" Menschen. Die Herausforderung bestand für uns darin, diese Thematik aus der Perspektive unserer scheinbaren Nichtbehinderung zu bearbeiten. Deshalb entschlossen wir uns, jemanden aus der Redaktion des Mondkalbs zur Entwicklungsarbeit hinzuzuziehen. So kam Jan in die Kieztheatergruppe und bald wurde klar, dass aus dem Berater ein Mitspieler werden würde. Außerdem stellte sich heraus, dass noch ein weitere Person aus der Theatergruppe persönlich mit dem Thema Behinderung konfrontiert war und so begannen wir mit der Probenarbeit.

---

[13] Mondkalb – „Zeitschrift für das organisierte Gebrechen" erscheint vierteljährlich in Berlin. http://www.mondkalb.net.tc/
[14] Im Kieztheater und in diesem Buch hatten wir immer ein leichtes Unbehagen bei dem Begriff „Behinderung". Wie schwer es ist eine politisch korrekten Sprachgebrauch zu verwenden, macht folgendes Zitat deutlich:
„Die Zeiten, wo Leute wie ich, also Leute im Rollstuhl oder an Krücken, Leute mit Buckeln oder Zuckungen, sich selbst als Krüppel titulierten, sind längst vorüber. Schon lange ist politisch korrekter Sprachgebrauch angesagt. Und so heißt es schon ewig „Behinderte".
Es dauerte nicht lange und es wurde befunden, dass dieses alleinige Abheben auf eine Eigenschaft, noch dazu auf eine abwertende Eigenschaft, auch diskriminierend sei. Es wäre lange genug von Behinderten die Rede gewesen. Wir müssten nun endlich einmal Wert darauf legen, dass von behinderten Menschen, besser noch von Menschen mit Behinderungen gesprochen würde.
Doch ich will mich nicht so bezeichnen. Es ist mir einfach peinlich, mein Menschsein so herauszustellen. Dieser Sprachgebrauch ist auf den ersten Blick wohlmeinend und pädagogisch. Das gefällt mir schon nicht, wenn ich so übergut, so besonders als Mensch gehandelt werde. Da ist etwas faul. Bei genauerem Hinhören frage ich mich nämlich, was für Gründe gibt, so zu tun, als bestünde ernsthaft Sorge, dass unsereins mit behinderten Tieren verwechselt wird."
(P.R. Lapus in Mondkalb 1/2007)

Inhaltlicher Schwerpunkt des Theaterabends sollte das Zusammenleben von „behinderten" und „nichtbehinderten" Menschen an zwei Fallbeispielen sein. Die Szenen des Abends behandelten die Frage der Integration am Beispiel einer Betriebsausflugsplanung in einer fiktiven Firma und die Situation behinderter Menschen bei der Arbeitssuche.

Szene Betriebsausflug
Ein kleines Team einer Firma darf, ausgestattet mit einem großzügigen Budget ihres Chefs, selbst planen, welches Ziel ihr Betriebsausflug haben soll. Man ist sich einig, dass keine Dampferfahrt wie in den letzten Jahren stattfinden soll. Es wird ein Ausflug in einen Klettergarten vorgeschlagen. Doch diesem Vorschlag steht die Hüftbehinderung eines Mitarbeiters namens Paul entgegen. Er könnte bei einem solchen Ausflug nicht mitmachen. Doch die Gruppe der „Nichtbehinderten" macht Druck, sie will per Mehrheitsbeschluss das neue Ausflugsziel durchsetzen. Zu aller Überraschung stimmt Paul für den Hochseilklettergarten, denn er will ja keine „Spaßbremse" sein. Doch ein anderer Kollege verweigert die Teilnahme. Seine Begründung lautet: Höhenangst. Die Situation eskaliert, jedoch nicht wegen Paul, es ist der Kollege, der sich mit seiner Höhenangst nicht ernst genommen und respektiert fühlt. Er verlässt wütend die Team-Sitzung.

Szene Arbeitssuche
Gezeigt wird der Weg einer behinderten Frau, die zwei akademische Abschlüsse hat, auf der Suche nach Arbeit: Aufgrund ihres Behindertenstatus erfährt sie eine andere Behandlung als nichtbehinderte Bewerberinnen. In der Arbeitsagentur gibt es eine besondere Vermittlungsabteilung. Beim Bewerbungsgespräch kippt die Stimmung nach der Offenlegung ihrer Behinderung. Die Freundin findet, es sei für alle nicht leicht, Arbeit zu finden. Auch das gut präparierte Gespräch mit der Bank für einen Kredit, um sich selbstständig zu machen, scheitert am Behindertenstatus.

Die Aufführungen
In einer der beiden Aufführungen gab es einen besonderen Moment, als sich eine Zuschauerin in die Rolle der „behinderten Frau" begab. Ursprünglich wollte sie die Solidarität der Freundin einfordern, doch angesichts der Fakten über die rechtlichen Rahmenbedingungen bei Einstellung von Menschen mit Behinderung verlor sie ihren „Groll". Sie wirkte überrascht, angesichts der gesetzlichen Hintergründe über den besonderen Kündigungsschutz für „behinderte" Mitarbeiterinnen.
Ein Höhepunkt der zwei Abende waren die Interviews mit einem der rollstuhlfahrenden Redakteure der Zeitschrift „Mondkalb". Seine authentischen und zugleich ironi-

schen Kommentierungen des Abends waren sehr unterhaltsam und erfrischend. In diesen Momenten ging die Konzeption des Abends voll auf: Die Zuschauerinnen hatten sich in den Forumtheaterszenen vorsichtig an die Thematik des Zusammenlebens mit „behinderten" Menschen angenähert und über die spielerischen Interventionen neue Einblicke bekommen. Gemeinsam wurde über die eigenen Vorstellungen und Einstellungen zur Integration von Menschen mit Behinderungen und die realen gesellschaftlichen Bedingungen diskutiert. All dies wurde zum Schluss noch einmal ohne Mitleid oder Rührseligkeit auf den zum Teil auch unversöhnlichen Punkt gebracht, dass Integration zwar gesellschaftlich erwünscht, aber im konkreten Alltag noch lange nicht umgesetzt ist.

Kein Mitleid oder das Schlechte Gewissen
Wir hatten bei der Planung des Abends damit gerechnet, dass die Mehrheit des Publikums nicht von Behinderung betroffen sein würde. Deshalb wollten wir die Zuschauerinnen vor dem belehrenden Zeigefinger schützen, der bei diesem Thema leicht entsteht. Auf gar keinen Fall wollten wir beim Publikum Schuldgefühle erzeugen, weil sie als Angehörige der Mehrheitsgesellschaft dafür verantwortlich gemacht werden könnten, zu wenig für die Integration „behinderter Menschen" zu tun. Wir wollten keine Interventionen aus schlechtem Gewissen provozieren, sondern über das Thema ohne Tabus sprechen. Da dies aber oftmals sehr schwierig ist, etablierten wir das personifizierte „Schlechte Gewissen". Ein Darsteller übernahm diese Rolle. Er wurde mittels eines symbolischen Tanzes theatralisch auf der Bühne eingeführt. Anschließend nahm er im Publikum Platz, um gerade Situationen der Betroffenheit und Momenten des schlechten Gewissens im Publikum entgegenzutreten. Jederzeit durfte das „Schlechte Gewissen" intervenieren und beispielsweise auch politisch unkorrekte Fragen stellen. Diese entlastende Funktion sollte dem Abend helfen, ohne „Betroffenheitsduselei" mit dem Thema umzugehen.

„Schlechtes Gewissen" in Aktion
Das „Schlechte Gewissen" fragt zum Beispiel in der Betriebsausflugsszene: „Wenn ich ein Teil des Teams bin, möchte ich doch beim Betriebsauflug Spaß haben. Und wenn mir zum Beispiel Fallschirmspringen Spaß machen würde, darf ich das dann nicht sagen, nur weil Paul dabei nicht mitmachen kann?"

Aber das „Schlechte Gewissen" allein reicht noch nicht aus, dem Publikum einen sensiblen Zugang zum Thema zu ermöglichen. Es bedarf eines dramaturgischen Rahmens, um das Publikum in kleinen Schritten an das Thema heranzuführen.

Der dramaturgische Rahmen
Nachdem wir einige Bausteine eines Kiezttheaterabends am Beispiel des Mondkalbs ausführlich beschrieben haben, zeigen wir den Gesamtablauf einer Aufführung, um die Komplexität deutlich zu machen. Ein Kiezttheaterabend ist aus einer Vielzahl von theatralischen Elementen zusammengesetzt.

Für den Mondkalb-Abend entwickelten wir folgendes dramaturgischen Rahmen.

Dramaturgische Funktion	Szenische Umsetzung
Musik. Wiederkehrendes auflockerndes Element, das immer wieder verwendet wird, z.B. in Umbaupausen. Musikgruppe als Teil des Abends.	*Intro / Jingle.*
Formale Begrüßung. Eröffnung des Programms.	*Die Joker begrüßen das Publikum. Vorstellung aller Akteure (Joker, Mitarbeiter) Dank an die Band und an den Veranstaltungsort. Das Thema des Abends vorstellen und die Zeitschrift Mondkalb (kurz).*
Optisch das „Mondkalb" vorstellen. Die Darstellerinnen zeigen sich.	*Die Darstellerinnen kommen mit der Zeitschrift „Mondkalb" auf die Bühne. Zunächst lesen sie in der Zeitschrift und auf ein Zeichen hin modellieren sie aus ihren Körpern und Zeitungen eine Mondkalbskulptur (Zwei Köpfe, Schwanz aus Zeitung).*
Erste Interaktion der Joker mit dem Publikum: „Das Eis brechen". Das Publikum miteinander ins Gespräch bringen.	*Joker informieren über das Kieztheater Kernaussage: Uns geht's um Kommunikation mit dem Publikum ... Fragen: Wie weit wohnen Sie von ihrem Tischnachbarn entfernt? Übergang zur Szene Imbissbude.*
Szene Imbissbude. Das Thema Behinderung wird aus einem Alltagskontext angesprochen. Hier die Perspektive der Nichtbehinderten und ihre „Angst vor einem behinderten Kind."	*Die schwangere Imbissbudenbesitzerin wird von ihren Stammgästen gefragt, ob sie eine pränatale Diagnostik durchführen lassen möchte. Sie und ihr Mann glauben nicht daran, ein behindertes Kind zu bekommen.*

Dramaturgische Funktion	Szenische Umsetzung
Die Joker sollen das Publikum mit dem Thema Behinderung vertraut machen und es als Alltags- und Kiezthema sichtbar machen.	*Joker-Fragen:* *Wir sagen: Das ist ein Kiezthema! Sind Menschen mit Behinderung Teil unseres Alltags? Wirklich? Mondkalb schreibt dazu: „In unserer Gesellschaft wird Behinderung mit Unfähigkeit gleichgesetzt und zwar mit einer totalen Unfähigkeit der Person".* *Übergang zum Forumtheater:* *„Für alle, die nicht wissen, und alle, die es wissen..."*
Einführung in das Forumtheater mittels der „Sendung mit der Maus".	*Siehe Handwerkszeug.*
Einführung der Spielfigur das „Schlechte Gewissen" durch die Joker. Er soll Ängste und Schuldgefühle stellvertretend für das Publikum ansprechen.	*Joker sprechen an, dass das Thema Behinderung bei Menschen, die nicht betroffen sind, oft mit Schuldgefühlen verbunden ist.*
Das „Schlechte Gewissen" wird theatralisch mittels eines symbolischen Tanzes eingeführt. Der Tanz stellt dar, wie der Rucksack des „Schlechten Gewissens" mit „moralischen Werten" beladen wird	*Objekttanz / Einführung „Schlechtes Gewissen".* *Tänzerisch wird der Rucksack des „Schlechten Gewissens" mit Objekten gefüllt: Inhalt Rucksack (Schönheitszeitschriften, die Bibel, das Kapital, Barbiepuppe, Lineal etc.)*
Erklärung der Funktion des „Schlechten Gewissens".	*Ein Joker begleitet das „Schlechte Gewissen" ins Publikum.* *Hinweis: Das „Schlechte Gewissen" unterstützt uns aktiv, sitzt im Publikum und kann sich jederzeit zu Wort melden.* *Übergang Forumszenen*

Dramaturgische Funktion	Szenische Umsetzung
Erste Forumszene: Betriebsfeier Grundkonflikt: Wie kann man einen Betriebsausflug planen, ohne die „behinderten" Mitarbeiter auszuschließen? Ziel: „Behinderung" als Teil des Alltags deutlich machen und dabei zunächst ein Praxisfeld wählen, das die Erfahrungen auch der „Nichtbehinderten" aufgreift. Ausgangspunkte sind deshalb die Erfahrungen von „Nichtbehinderten" verbunden mit der Fragestellung, wie sie „behinderte" Kolleginnen integrieren (würden).	*Ein Team eines kleinen Unternehmens darf seinen eigenen Betriebsausflug planen. Es will gemeinsam planen, wohin es gehen soll. Die Stimmung im Team ist gegen einen Ausflug mit einem Dampfer, weil das die letzten Jahre schon wiederholt gewählt wurde. Ein Hochseilklettergarten kommt ins Gespräch. Paul, der durch einen Hüftschaden behindert ist, macht darauf aufmerksam, dass er bei diesem Ziel nicht mitmachen kann. Als Reaktion wollen einige Teammitglieder auf ihn Rücksicht nehmen, andere wollen unbedingt in den Klettergarten fahren. Einige drängen zu einer Abstimmung über das Ziel des Ausflugs. Es zeichnet sich eine Mehrheit gegen Paul ab. Doch zur Überraschung aller stimmt Paul für den Hochseilklettergarten und eine Mehrheit ist für den Klettergarten. Daraufhin weigert sich der Kollege Heinz, der dagegen gestimmt hatte, mitzufahren. Sein Grund, nicht mitzufahren, ist Höhenangst. Als die Kollegen seine Begründung nicht ernst nehmen, verlässt er zornig die Versammlung. Alle loben Paul dafür „keine Spaßbremse" zu sein.*
Intervention und Partizipation des Publikums.	*Joker animieren das Publikum zu diskutieren und die Szene zu verändern.*
Zweite Forumszene: Institutionelle Diskriminierung und gesetzliche Schutzregelungen zur Integration Behinderter in die Arbeitswelt. Hintergrund: Im Jahr der Aufführung trat das Antidiskriminierungsgesetz in Kraft.	*Die Hauptfigur, eine Frau mit zwei abgeschlossenen Hochschulstudiengängen, erlebt hintereinander verschiedene Situationen, in denen es um Arbeitssuche geht.* *Beim Arbeitsvermittler: Die Arbeitsagenturen verfügen über spezielle Abteilungen zur Vermittlung von Arbeitskräften mit Behinderung.*

Dramaturgische Funktion	Szenische Umsetzung
	Bei der Medienagentur: *Das Vorstellungsgespräch nimmt eine abrupte Wendung von begeistert zu unverbindlich, als die Behinderung, die man nicht auf den ersten Blick erkennen kann, angesprochen wird.* *Mit der Freundin beim Bier:* *Ihre Haltung: Auch Nichtbehinderte haben es schwer bei der Arbeitssuche. Die besondere Gesetzgebung verhindert Einstellung von Behinderten, weil diese quasi unkündbar sind. Sie meint ihre Freundin hätte die Möglichkeit sich alternativ dazu selbstständig zu machen.* *In der Bank wegen Kreditvergabe:* *Die Behinderung als Faktor für eine potentielle vorzeitige Berufsunfähigkeit, stellt für die Bank ein Problem dar.*
Intervention und Partizipation des Publikums.	*Joker animieren das Publikum zu diskutieren und die Szene zu verändern.*
Interview mit einem Redakteur aus der Mondkalb-Redaktion. Ergänzen der Diskussionen aus den Forumszenen mit persönlichen und informativen Beispielen aus „fachkundiger" Sicht. Hier sind auch Fragen des „Schlechten Gewissens" eventuell eine Bereicherung.	*Interviewfragen:* *Warum diese Zeitschrift Mondkalb?* *Was ist das besondere an der Zeitschrift?* *Welche Reaktionen der Leserinnen gab es?* *Was wünscht ihr euch für die Zukunft?* *Weitere Fragen zu den Szenen und Interventionen je nach Verlauf der Forumszenen.*
Schlussmoderation.	*Joker stellen die Akteure vor und verabschieden das Publikum: Dank an die Band. „Kiezheater war heute abend"...* *Übergang „Lieblingssätze aus dem Mondkalb"...* *Die Darstellerinnen verbeugen sich mit ihrem Lieblingszitat aus der Zeitschrift „Mondkalb".*
Schluss.	*Musik.*

Die Entwicklung der Gruppenzusammensetzung

Unser Ziel war es, eine Gruppe zu gründen, die in ihrer sozialen Zusammensetzung der Bevölkerung Kreuzbergs entsprechen sollte. Von Anfang an hatten wir eine heterogene Altersmischung (20–60 Jahre). Auch die sozialen und ökonomischen Hintergründe waren vielfältig: Angestellte, Selbstständige, Studentinnen, Arbeitsuchende, Rentner, Mütter, Väter, Singles, Geschiedene. Das Geschlechterverhältnis war annähernd ausgeglichen. Von Beginn an waren wir bemüht, mit Blick auf die Bewohnerstruktur Kreuzbergs auch unter den Teilnehmerinnen des Kieztheaters eine transkulturelle Zusammensetzung zu erreichen. Allerdings entwickelte sich dies in der Praxis nicht wie erwartet.

Stolperstein: Gruppenzusammensetzung

Die Zusammensetzung der Gruppe bestimmt letztendlich das Ergebnis jeder Forumtheaterpraxis. Auch wenn das zunächst wie eine Binsenweisheit erscheint, sollte man je nach Thema die Zusammensetzung der Gruppe berücksichtigen. In ihr repräsentieren sich unterschiedliche kulturelle, geschlechts- und generationsspezifische Erfahrungen. Die Mischung der Teilnehmerinnen wirkt sich so auf das Ergebnis der Arbeit aus. Wir wollten diese Gruppe angesichts des großen Anteils von Menschen mit türkischem Migrationshintergrund unter den Bewohnerinnen in Kreuzberg auch in der Kieztheatergruppe repräsentiert sehen. Dies ist uns leider nicht gelungen. Am Anfang hatten wir zwei „Deutsch-Türkinnen" im Projekt, die aber leider nach der zweiten Probe nicht mehr erschienen. Es wäre gut gewesen nachzufragen, warum sie nicht weiter im Kieztheater mitmachen wollten. Da wir aber genügend Leute in der Theatergruppe hatten und nur knappe Zeitressourcen zur Verfügung standen, vernachlässigten wir leider dieses wichtige Anliegen. Im Nachhinein betrachtet, wäre es notwendig gewesen, mehr Kontakt zu der deutsch-türkischen Community aufzunehmen.

Bereichert wurde die Gruppe von Menschen mit Migrationshintergrund aus Brasilien, Frankreich und Argentinien. Dies ermöglichte es uns, die Internationalität zu repräsentieren, die allgemein in Berlin und besonders auch in Kreuzberg vorhanden ist. Wie viele andere Großstadttheaterprojekte hatten wir am Anfang mit einer Fluktuation von Teilnehmerinnen zu kämpfen. Des Weiteren üben solche Projekte auf Menschen mit „erheblichen sozialen Schwierigkeiten" eine besondere Anziehung aus. Freiwilliges ehrenamtliches Engagement in Theatergruppen basiert darauf, dass sich die Mitspielerinnen sympathisch sind. Sie müssen Lust haben, gemeinsam Theater zu machen. Jede heterogene Gruppe braucht „Sympathieträger". Wenn diese Mischung aus den Fugen gerät, nutzt auch der beste theaterpädagogische Ansatz nichts, um die Gruppenmitglieder zu halten.

Beim Blick auf die Teilnehmerinnen hat sich in der Rückschau die Gruppengröße als Dauerbrenner etabliert. Nach den „personellen Unsicherheiten" in der Startphase wurden wir die Frage „Brauchen wir neue Teilnehmerinnen?" nie wirklich los. Auch nachdem sich die Gruppe im Hinblick auf die Anzahl stabilisiert hatte, gab es neue Interessentinnen, die sich bei uns engagieren wollten. Wir hatten also immer wieder zu entscheiden, ob und wie neue Interessentinnen aufgenommen werden sollten. In bestimmten Probenphasen brauchte die Gruppe Zeit, um miteinander „warm" zu werden und sich als Gruppe zu finden. Von daher beschlossen wir immer wieder die Neuaufnahme vorläufig zu stoppen. Auf der anderen Seite verließen uns immer wieder Akteure, zum Teil überraschend und zum Teil lange angekündigt.[15] Immer wenn es sich abzuzeichnen begann, dass die Zahl der verlässlich anwesenden Akteure erheblich zu sinken drohte, war es wichtig, neue Bewerberinnen für die Theaterarbeit zu gewinnen. Dann boten wir gezielt Termine zur Neuaufnahme an. Rückblickend kann man von stabilen und instabilen Gruppenphasen sprechen. Wir Anleiter standen vor der Herausforderung, die Gruppe durch die Phasen der Öffnung und die Phasen der Stabilisierung zu manövrieren. Die stabilen Phasen erlaubten mit Hilfe einer motivierten Kerngruppe eine kontinuierliche Weiterentwicklung der Theaterarbeit. Als Motivation dienten die bevorstehenden Aufführungen.

Instabile Phasen zeichneten sich dadurch aus, dass wichtige Personen aus der Gruppe fehlten. Die Gesamtkonstellation der Theatergruppe veränderte sich durch Austritte oder Neueintritte. In solchen Phasen fehlender Gemeinsamkeit entwickelte sich die Gruppe auch inhaltlich relativ wenig weiter. Dadurch fehlte die Motivation, sich zu engagieren. Insbesondere waren jene Zeiten schwierig zu bewältigen, in denen mehrere Teilnehmerinnen aufgrund von Urlaub oder Krankheit fehlten. Bereits geplante Aufführungen führten dann nicht zur Stabilisierung sondern eher zur Überforderung der Gruppe. Wenn sich Perspektiven, Arbeitsbedingungen oder der Lebensmittelpunkt der Ensemblemitglieder veränderten[16], dann hatte das Einfluss auf das Kieztheater. So kann eine scheinbar stabile Phase schnell in eine instabile Phase kippen, denn bei allem Engagement gehen die persönlichen Lebensperspektiven selbstverständlich vor.

---

15 Auch gab es längere „temporäre Abwesenheit" durch Reisen, Krankheit, Weiterbildung oder Arbeit.
16 Berlin ist eine Stadt in der sich die persönlichen Lebenslagen sehr schnell verändern. Die Geschwindigkeit der Stadt spiegelt sich auch in den einzelnen Biografien wieder. Berlin gilt als die Hauptstadt der Singles und der prekär Beschäftigten. Die Bevölkerungsstruktur verändert sich permanent. Viele Menschen ziehen weg, andere wiederum zieht es in die Metropole.

Stolperstein: Neue Mitstreiterinnen

Jedes Projekt, das sich auf Freiwillige stützt, muss mit einer gewissen Fluktuation bei den Teilnehmerinnen rechnen. Deshalb müssen bei längerfristigen Vorhaben in regelmäßigen Abständen neue Mitstreiterinnen gesucht und aufgenommen werden. Doch es gibt Phasen, in denen eine Gruppe Stabilität braucht und in der Neulinge störend wirken. In solchen Phasen möchte man die Aufnahme von Interessierten zurückstellen. Andererseits kann es immer wieder mal zu Ausfällen bei den Freiwilligen kommen, die schnell kompensiert werden müssen. Mit dieser Gruppendynamik muss man lernen umzugehen.

Es ist sinnvoll, parallel zum Projektverlauf Werbung für neue Akteure zu betreiben. Man sollte trotz hervorragender Gruppendynamik in der Lage sein, kurzfristig reagieren zu können und wenn nötig neue Teilnehmerinnen aufzunehmen. Veränderungen in der Gruppenzusammensetzung können schnell eintreten. Interessierten sollten zeitnahe Einstiegsmöglichkeiten geboten werden. Wenn man in bestimmten Projektphasen zwar aktuell keine neuen Mitglieder aufnehmen möchte, braucht man dennoch ein Konzept, wie man mit neuen Bewerberinnen umgeht. Unverbindliche Wartezeiten schrecken in diesem Zusammenhang ab. Die Wartezeiten zur Aufnahme dürfen ein erträgliches Maß nicht überschreiten.

Ich bin bereits seit Jahren in verschiedenen politischen Zusammenhängen aktiv.
Zum Kieztheater kam ich durch eine Anfrage an „Mondkalb", eine Zeitung, die sich rund um das Thema Behinderung dreht, bei der ich mitarbeite. Ich hatte Lust auf die Zusammenarbeit mit dem Kieztheater, ohne vorher schon einmal Theater gespielt zu haben. Nach einigen Zweifeln und Unsicherheiten habe ich Freude am Spiel entwickelt und bin dabeigeblieben.

Jan

Insgesamt hat sich die Anzahl der Teilnehmerinnen in der Kieztheatergruppe kontinuierlich gesteigert. Eine funktionierende und stabile Gruppe mit interessanten, heterogenen Mitstreiterinnen ist im Hinblick auf ihre emotionale Bindungen ein hoher „sozialer Wert". Diese Stabilität fördert einen künstlerischen Entwicklungsprozess und die Fähigkeit der Gruppe, schwierige Situationen zu meistern.

Von Draußen nach Drinnen: Die Spielorte im Kieztheater

Das Kieztheater Kreuzberg experimentierte mit Aufführungen an unterschiedlichen Orten. Angefangen hat es auf einer Bühne beim Stadtteilfest im Graefe-Kiez. Einen ungewöhnlichen Auftrittsort fanden wir in der Markthalle am Marheinekeplatz: In der Halle gab es einen leeren Verkaufsstand, den wir bespielen konnten. So wagten wir das Experiment, dort an einem Samstagvormittag eine kleine Szene zu Kreuzberg und seinen Klischees zu spielen. Da es ein Verkaufsstand war, boten wir fiktive Kreuzbergprodukte wie unser „X-Berg Parfüm" und unsere „Kreuzbergpflastersteine" an.

X-Berg Parfüm

„Das ist ja unglaublich, der Geruch von Döner Kebab, Currywurst, Falafel, Hundescheiße und dem edlen Putz des Chamissoplatzes[17]*, alles in einem Parfüm. Nach jahrelanger Forschungsarbeit und aufwendiger Produktionsarbeit haben wir destilliert, essenziert, transfugiert und makrobiotiert. Das Kreuzbergparfüm heute im Sonderangebot ..."*

Kreuzberger Pflasterstein

„Halten sie ein Stück Kreuzberg in den Händen. Durch ihn wird Kreuzberger Geschichte repräsentiert. Er ist handlich und liegt gut auf der Hand. Sie werden es nicht glauben, der Pflasterstein war einmal ein Argument. Kaufen Sie dieses Prachtexemplar, es war sogar bei der Plünderung von Bolle[18] *dabei ..."*

Der Marktstand als Aufführungsort war skurril und etwas Besonderes. Der Nachteil dieser ungewöhnlichen Spielstätte war der geringe Abstand zwischen Bühne und Zuschauerfläche. Es gab nur einen sehr schmalen Gang zwischen den Verkaufsbuden in der Halle. Das Publikum musste direkt vor diesem Stand stehen und war deshalb zu nahe am Geschehen. Zudem waren die Menschen zum Einkaufen in der

---

17 Der Chamissoplatz liegt inmitten einer denkmalgeschützten Gründerzeitbebauung in der Nähe zur „touristischen" Bergmannstraße in Berlin-Kreuzberg. Die sehenswerte Kulisse lädt mit zahlreichen Gaststätten viele Menschen zum Verweilen ein.

18 Der Supermarkt Bolle wurde am 1. Mai 1987 am Görlitzer Bahnhof in Berlin-Kreuzberg geplündert und anschließend von einem Pyromanen angezündet.

Markthalle und nicht um eine Theaterperformance zu sehen. Dies führte dazu, dass nicht all zu viele Kunden stehen blieben.

Die Erfahrungen aus unserer Arbeit mit Straßentheater zeigen, dass viele Menschen zu Beginn Abstand zum theatralischen Geschehen suchen, bevor sie sich darauf einlassen können. Es war aber dennoch kein frustrierender Auftritt, weil die Atmosphäre, in diesem Verkaufsstand zu spielen, so außergewöhnlich war.

An anderen Spielorten stand für uns die Partizipation des Publikums an erster Stelle, und so spielten wir auch Forumtheater auf der Admiralbrücke in Kreuzberg. Die Admiralbrücke ist inzwischen ein attraktiver Treffpunkt mitten in Kreuzberg: Auf der Brücke wird öffentlicher Raum sozial angeeignet. Dies geschieht spontan. Die Stadtbewohnerinnen sitzen auf der Brücke, trinken Bier und genießen im Sommer den Sonnenuntergang. Diese Atmosphäre machte die Brücke zum passenden Ort, um im Kiez Theater zu spielen.

Wir entwickelten eine Szene, in der die Frage im Mittelpunkt stand, ob man aufgrund eines Jobangebotes nach Stuttgart geht, oder nicht. In der Arbeit mit der Gruppe wurde sehr deutlich, wie sehr die Teilnehmerinnen an der Stadt Berlin hängen. Die Szene streifte auch wichtige Fragen: Wie flexibel ist man persönlich? Ordnet man alles den Anforderungen des Marktes unter? Ist ein intaktes soziales Umfeld, wie zum Beispiel der Freundeskreis, nicht genauso wichtig wie der Job?

Im Winter zogen wir mit einem Abendprogramm in das Kreuzberger Wirtshaus „Max und Moritz". Hier fanden wir ein passendes Ambiente für unser Vorhaben. Ein kleines Hinterzimmer für 80 Personen mit Bühne, in dem die Menschen an Holztischen nah am Geschehen sitzen. Der Raum hat etwas sehr volkstümliches, dabei aber keine dumpfe, biedere Atmosphäre. Solche Spielstätten mitten im Kiez ermöglichen eine Verbindung von Kultur und Politik und eignen sich besonders für ein lebendiges Kieztheater. An den anderen Spielorten in Kreuzberg wollten wir mit der Wahl des Ortes immer ein spezifisches Publikum ansprechen. Wir spielten im Familiengarten, weil es ein anerkannter sozialer Treffpunkt mit barrierefreiem Zugang in der lebendigen Oranienstraße war. Das Mosaik wählten wir aufgrund seiner familiären Bühnenatmosphäre, um auch vor kleinerem Publikum eine ansprechende Atmosphäre zu bieten. Die Aufführung im Projekteraum in einem Hausprojekt in Neukölln bot uns die Gelegenheit, mit Menschen, die in alternativen Wohnformen leben, ins Gespräch zu kommen. Vergleicht man die unterschiedlichen Erfahrungen mit Auftrittsorten, erwies es sich als schwieriger, auf der Straße Forumtheaterszenen zu spielen als in geschlossenen Räumen. Ein Höchstmaß an Zufriedenheit hatte die Gruppe bei unseren Auftritten in geschlossenen Räumlichkeiten. Diese bieten sehr viele

Vorteile. Im Forumtheater geht es um den Dialog mit dem Publikum und die Szenen sind dem Sprechtheater zuzuordnen. Die Konzentration in geschlossenen Räumen ist größer als auf der Straße mit ihren Geräuschen und Umtriebigkeiten, die störend wirken.

Auch der Joker hat es sehr viel einfacher mit den Besucherinnen zu kommunizieren, wenn sie an Tischen oder auf Stühle sitzen. Im Vergleich zum typischen Straßentheaterpublikum, das zufällig am Ort der Aufführung vorbeikommt, hat der Joker in einem Veranstaltungsraum kein ständig wechselndes Laufpublikum. Deshalb müssen die Aufführungen auf Straßen und öffentlichen Plätzen viel kürzer sein als in geschlossenen Räumen.

Edelstein: Nachklang

Es war für uns immer ein schöner Ausklang des Abends, wenn es gelang, dass die Schauspielerinnen und das Publikum nach dem Ende der Veranstaltung noch am Tisch verweilten und gemeinsam den Abend beendeten. Der Erfolg eines Projektes entsteht gerade auch in solchen unspektakulären schönen Momenten, auch das sollte man sich hin und wieder bewusst machen.

Stolperstein: Was ist vor der Aufführung?

Aufführungen auf der Straße sind immer anfällig für Störungen. Es ist wichtig, bei der Planung eines Auftritts mit einzubeziehen, was am Aufführungsort vor und nach der eigenen Aufführung stattfinden soll. Welche Tücken selbst an einem bereits bekannten Ort lauern können, mussten wir bei unserem dritten Auftritt beim Graefekiez-Fest erfahren. Vor uns hatte eine Capoeira-Gruppe den offenen Bühnenraum bespielt. Sie lockte vor allem 12- bis 14-jährige Jungen an. Diese durften bei der Capoeira-Präsentation mitmachen. Angeregt durch diese Attraktion wollten sie auch am folgenden – unserem Angebot – teilnehmen und mitmachen. Wir hatten ein Publikum wie beim Kindertheater und kaum ein Erwachsener nahm von uns Notiz. Doch wir hatten eine Szene zur Armut im Erwachsenenalter vorbereitet und hofften zu diesem Thema mit dem Publikum in Kontakt zu kommen. Da aber keine Erwachsenen zuschauten, scheiterte das Forum. Die Spielfreude der jungen Zuschauer war zwar groß, aber wir hatten die falsche Szene für dieses Publikum.

Die Moderation und die Rolle des Jokers im Kieztheater

Jens Clausen und Harald Hahn

„Jeder Mensch ist ein Künstler oder eine Künstlerin – jeder Mensch ist ein Joker!" [19]

„Warum runzelt dieser Typ in der letzten Reihe seine Stirn und schaut so verkniffen zu mir? Dem passt es doch nicht, was die Frau gerade sagt. Der hat doch bestimmt eine andere Meinung. Warum meldet er sich denn nicht und widerspricht? Während diese Gedanken in meinem Kopf kreisen, ist der Augenblick gekommen, an dem das Publikum erwartet, dass ich als Moderator eingreife. Die Angst des Jokers, zu verstummen, denke ich, und schon bin ich wieder mit der Moderation dran. Als Joker sollte ich jetzt sprechen. Warum gehe ich eigentlich nicht zu dem „Stirnrunzler" hin? Ich mache es und frage ihn, warum seine Mimik so sichtbar Unbehagen ausdrückt und bekomme auch eine Antwort. Na also jetzt spricht er, und er hat ein gutes Argument. Darüber kann man weiter diskutieren. Warum setze ich mich bei der

Moderation so unter Druck? In meiner Rolle als Joker muss ich doch nur kommunizieren und das gehört doch zum Mensch sein."[20]

Im Kieztheater hat der Joker nicht nur die Aufgaben eines Moderators, sondern er sollte auch der Showmaster des Abends sein. Auch wenn das Kieztheater ernste Themen behandelt, sollte es den Zuschauerinnen Spaß, Freude und Unterhaltung bieten. Wir wollten eine Mischung aus realitätsbezogenen Themen und einer unterhaltsamen Darbietung auf die Bühne bringen. Es gibt nicht nur eine Form der Moderation im Forumtheater, sondern eine Vielzahl von Möglichkeiten. Deshalb sollten unsere Vorschläge, wie der Moderator mit dem Publikum in Dialog tritt, nicht als Dogma betrachtet werden, sondern Anregungen für die eigene Praxis bieten.

Der Joker führt durch das Abendprogramm, er versucht das Publikum zum Sprechen zu bringen und animiert die Zuschauerinnen auf die Bühne zu gehen. Die Herausforderung für ihn besteht darin, souverän die Kommunikation zu steuern. Auf der einen Seite muss er dem Publikum die Möglichkeit geben, Beiträge jeglicher Art zu äußern und andererseits muss er darauf achten, dass die inhaltliche Auseinandersetzung mit dem Thema des Abends nicht verloren geht. Der Theaterabend braucht seinen Spannungsbogen. Falls der Abend langweilig zu werden droht, muss der Joker kommunikativ handelnd eingreifen.

Ein Joker besitzt die Macht des Mikrofons. Er bestimmt, wer redet und wie lange. Er kann die Richtung des Themas beeinflussen und muss manchmal neue inhaltliche Impulse geben. Der Joker sollte sich dieser Macht bewusst sein, denn das Publikum reagiert sehr sensibel auf die Moderation. Wichtig ist es, nicht die Veranstaltung zu dominieren, sondern mit dem Publikum ins Gespräch zu kommen. Wenn dieses Interesse authentisch und echt wirkt, wird die Machtposition des Jokers vom Publikum toleriert und das Publikum ist dem Joker wohlgesonnen. Das wirkt sich auch auf das Wechselspiel mit dem Publikum aus und sorgt wiederum für mehr Wohlbefinden des Jokers auf der Bühne.

---

[19] Können wir wirklich alle jokern? Auf der Rückseite des Suhrkamp Taschenbuches des Boal-Klassikers „Theater der Unterdrückten" steht: „Keine akrobatischen Leistungen sind angestrebt, sondern das Ausschöpfen all dessen, was in uns angelegt ist, denn nicht nur der Schauspieler, jeder kann Theater machen; nicht nur der Künstler kann Kunst machen – jeder Mensch ist ein Künstler". Dieses philosophische Postulat sollte auch für die Spielfigur des Jokers im Kieztheater gelten. Da wir die Fähigkeit zur Kommunikation haben, können wir auch mit Menschen ins Gespräch kommen und deshalb haben wir a priori die Voraussetzung zum Joker in uns. In unserer Praxis bedeutet dies den Gruppenmitgliedern das jokern zu ermöglichen.

[20] Solche oder ähnliche Gedanken können einem beim „jokern" durch den Kopf gehen.

Keine Angst vor dem Publikum: Der Joker als Projektionsfläche
Der Joker steht während der Aufführung im Rampenlicht. Die Zuschauer sollten den Joker mögen, ihn sympathisch finden. Wenn der Moderator angespannt ist, wirkt sich das auf die Atmosphäre im Raum aus, denn die Zuschauerinnen interpretieren die Körpersprache des Jokers unbewusst. Was kann der Joker gegen seine Anspannung tun? Ein gutes Hilfsmittel, um innere Spannungen abzubauen, ist die innere Erlaubnis Fehler machen zu dürfen. Erst dadurch kann der Joker seine Spontaneität und Lockerheit entfalten und entspannt auf unvorhergesehene Äußerungen des Publikums reagieren. Es ist also sehr wichtig, dass der Joker sich auf der Bühne wohlfühlt und unverkrampft mit dem Publikum kommuniziert.

Eine Angst des Jokers kann beispielsweise sein, im Dialog mit dem Publikum das Thema zu verlieren. Aber in der Offenheit des Verlaufs liegt auch eine Chance. Natürlich wird eine Aufführung in ihrem Programmablauf festgelegt, aber es gibt inhaltliche Spielräume. Insofern ist also ein Kieztheaterabend ergebnisoffen. Diese Ergebnisoffenheit vermischt mit Spontaneität bietet dem Joker viel Freiraum für die Entfaltung seiner Persönlichkeit. Die Einzigartigkeit der Persönlichkeit des Jokers ist das Fundament einer gelungenen Moderation. Deshalb ist es wichtig, die eigene individuelle Form des Jokerns zu entdecken und weiter zu entwickeln.

Der Joker hat viel Zeit auf der Bühne. Er kann sich die Zeit nehmen, das Gespräch zu beginnen, er braucht keine Pausen oder Längen zu fürchten. Das Publikum nimmt die Präsentation mit einem anderen Zeitgefühl wahr als der Joker. Daher muss man also keine Angst haben, dass das Publikum sich langweilt. Ein Joker sollte inhaltlich mit dem Thema vertraut sein und durch gezielte Recherche, ähnlich wie ein guter Journalist, sich das nötige Wissen aneignen. Wichtiger als Detailkenntnis ist jedoch die Fähigkeit, mit dem Publikum einen authentischen Dialog zu führen.

Manche Zuschauerinnen können es als unangenehm empfinden, mit einem Thema konfrontiert zu werden, das ihnen persönlich sehr nahe geht. Wieder andere stört es, wenn sie direkt nach ihrer Meinung gefragt werden. Es ist nicht selbstverständlich für das Publikum, in eine Situation zu geraten, in der es nach der eigenen Meinung gefragt wird. Die Zuschauer projizieren ihr Unbehagen auf die Figur des Jokers. Das Forumtheater ist in dieser Hinsicht unkonventionell, deshalb nimmt das Publikum gelegentlich eine Abwehrhaltung gegen den Joker und diese Theaterform ein.

Ablehnung muss der Joker in sein Handeln miteinbeziehen, denn Partizipation und ein aktives Publikum sind im herkömmlichen Kulturbetrieb nicht üblich. Eine wirkungsvolle Strategie, mit abwehrenden Reaktionen umzugehen, ist es, auf weitere Wortmeldungen aus dem Publikum zu setzen.

Konfliktszenen im Spagat zwischen individuellem Handeln und politischen Rahmenbedingungen

Den strukturellen und politischen Kontext eines Konfliktes oder einer Szene gemeinsam mit dem Publikum herauszuarbeiten, ist die größte Herausforderung der Moderation.[21] Bei den Aufführungen des Kieztheaters wurde auch über die politische Entscheidungsebene der Gesetzgebung diskutiert. Der Hauptfokus war aber die konkrete Handlungsperspektive in der Szene.

So hatten wir bei einem unserer ersten Abende eine Forumtheaterszene zur Armut im Familienkontext entwickelt.

Szene: Der Besuch der Musikschule

Die Szene zeigt eine Familie, die das Geld für den Musikschulunterricht ihrer Tochter nicht aufbringen kann. Als weitere Figuren kommen der Bruder der Ehefrau, ein Versicherungsmakler, welcher der Familie schon mehrmals Geld geliehen hatte, und eine gut verdienende, als Single lebende Freundin der Familie dazu. Letztere Figur wurde gewählt, um die Frage in den Raum zu stellen, ob Kinder eine Privatangelegenheit oder eine gesellschaftliche Aufgabe sind. Die Freundin beendete die Szene mit dem Satz: „Du kannst doch mich nicht dafür verantwortlich machen, dass du ein Kind in die Welt gesetzt hast!"

Im Kieztheater war es uns wichtig, Themen nicht nur in ihrer gesellschaftlichen Verankerung, sondern auch als Bestandteil des Kiezes zu sehen. Die Musikschule ist eine Institution im Kiez. Unser Anliegen ist es, ein Bewusstsein für den Kiez zu entfalten. Eventuell kann der Kiez als ein soziales Feld wahrgenommen werden, in dem emanzipatorisches Handeln und Solidarität wieder erfahrbar werden.

Die ersten Schritte dazu sind, Menschen miteinander ins Gespräch zu bringen[22], Aufmerksamkeit auf ein Problem im Kiez zu lenken und somit ein Bewusstsein für den

---

21 Ein Grundmerkmal des „Theaters der Unterdrückten" ist die Verbindung zwischen individuellen Handlungen und dem Verortet sein in gesellschaftlichen Strukturen, die wiederum politisch gestaltbar sind. Darum werden die Konflikte im Forumtheater nicht als individuelle Konflikte aufgefasst. Es wird versucht, das Problem zu kollektivieren, indem es in einen gesellschaftlichen Kontext gestellt wird. Dies ist auch ein zentrales Merkmal des Kieztheaters, weil die Konflikte, Probleme, Missstände, die von uns auf die Bühne gebracht werden, im lokalen Rahmen, im Nahbereich, in unserem Kiez stattfinden.
22 Vgl. in dem Buch den Beitrag von Günter Rausch, der sich sehr stark auf Jürgen Habermas und seine Kommunikationstheorie bezieht. Auch im Kieztheater setzten wir sehr stark auf die Macht der Kommunikation.

Die Moderation und die Rolle des Jokers im Kieztheater

Kiez und die daraus resultierende Verantwortung für das Gemeinwesen zu entwickeln.[23]

Neben dieser Stufe der Bewusstseinsbildung und der Aufforderung zum individuellen Handeln gibt es noch die Ebene gesetzlicher Rahmenbedingungen, in denen unser Handeln stattfindet. Die gesetzlichen Rahmenbedingungen des von uns dargestellten Problems, warum der Musikschulunterricht für geringverdienende Menschen nicht kostenlos ist, wurden am Aufführungsabend von dem Joker, aber nicht vom Publikum angesprochen.[24] Das dargestellte Problem in einen größeren politischen und gesellschaftlichen Kontext zu stellen gehört zur Szenenanalyse.

[23] Vgl. dazu Gerd Kochs Beitrag in diesem Buch.
[24] Wir haben den politischen Aspekt der gesetzlichen Rahmenbedingungen im Themenkomplex „Armut" im Legislativen Theater Berlin zu „Working Poor" und „Prekarität" im April 2008 eingehend thematisiert, bei dem wir Bundestagsabgeordnete zu unseren Aufführungen eingeladen haben (vgl. „Vom Kieztheater zum Legislativen Theater" in diesem Buch).

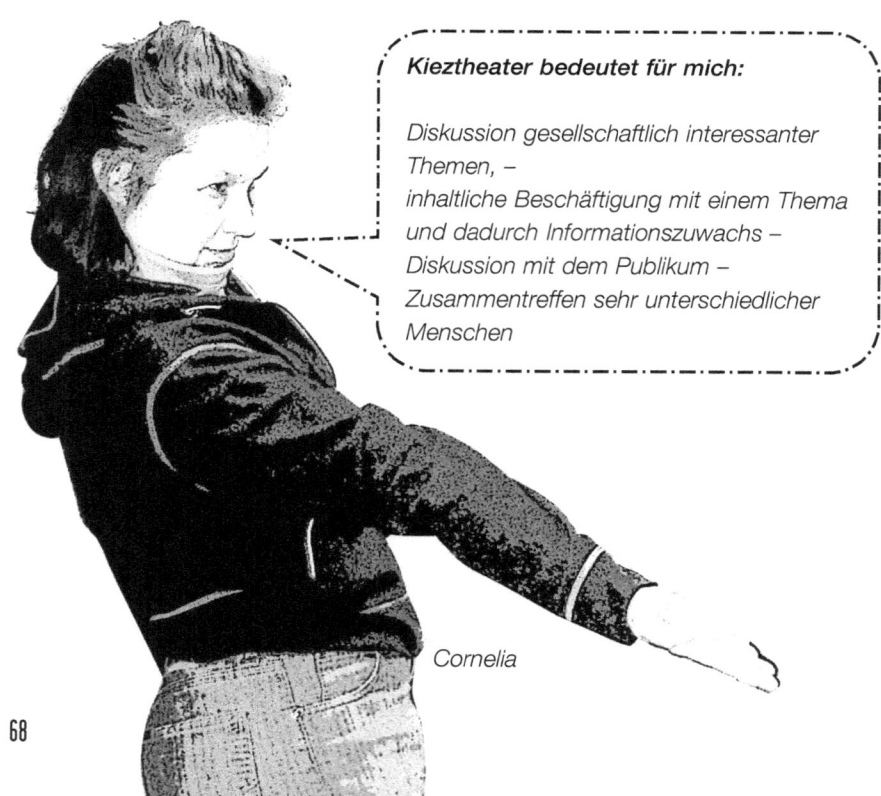

Kieztheater bedeutet für mich:

Diskussion gesellschaftlich interessanter Themen, –
inhaltliche Beschäftigung mit einem Thema und dadurch Informationszuwachs –
Diskussion mit dem Publikum –
Zusammentreffen sehr unterschiedlicher Menschen

Cornelia

Die Szenenanalyse und der Bezug zur Lebenswelt
Nach der Präsentation der Forumtheaterszene ist es sinnvoll, die Szenenanalyse als Ausgangspunkt der Diskussion zu nehmen.

Die Basis bildet die Frage an das Publikum, ob die Forumtheaterszene realistisch ist. *„Gibt es jemanden, der so etwas schon erlebt hat?"* könnte ein Einstieg sein. Oder: *„Kommt die Szene in der Realität vor?"* und wenn ja, *„Wo kommt sie vor? Kennen Sie Bereiche, in denen ähnliche Konflikte stattfinden?"*

An diesem Punkt kann die Moderation herausfinden, ob die Szene für das Publikum einen Lebensweltbezug hat. Mit gezielten Fragen nach Erfahrungen aus der Lebenswelt erzeugt der Moderator die Atmosphäre des Austausches und des Dialogs. Wenn auf der Bühne etwas verhandelt wird, das die Zuschauerinnen nicht berührt, sie nicht zum Nachdenken anregt, weil es nicht aus ihrer Lebenswelt kommt, dann ist es sehr schwierig, eine Motivation zu entfalten die Szene auf der Bühne zu verändern.

Zur weiteren Analyse der Szene gehört es, mit dem Publikum zu erkunden, welche Spielfiguren ein Problem haben oder welche Figuren nicht so handeln können, wie sie es möchten.

Fragen wären: *„Was ist eigentlich das Problem in der Szene?"* Oder *„Wer hat da ein Problem in der Szene? Warum hat die Spielfigur ein Problem?" „Was ist der Konflikt?"* Gerade wenn Spielszenen nicht auf den ersten Blick eine Dichotomie von Gut und Böse aufweisen, ist es wichtig, im Dialog mit dem Publikum herauszufinden wo der Konflikt liegt. Obwohl der Joker den Konflikt kennt, sollte er den Zuschauerinnen die Zeit einräumen ihren Blickwinkel selbst und in gewissem Sinne „live" zu entwickeln. Denn im Kieztheater besitzt das Publikum die Interpretationsmacht. Bei der Analyse der Figuren taucht im Kontext des „Theater der Unterdrückten" die Frage auf, welche Figur sich unterdrückt fühlt. Die Verwendung des Begriffs Unterdrückung erzeugt unter Umständen Assoziationen, die sehr schnell zu einem „Gut/Böse-Denken" führen können. Alternativ kann man fragen: *„Welche Figur besitzt Macht in der Szene?"*

Angeregt durch die Szenenanalyse kann es schon zu einer spannenden Kontroverse kommen. Eine Szene kann ganz unterschiedlich beurteilt werden. Zum Beispiel unsere Szene im Park: In dieser Szene wird eine Fahrradfahrerin von den Beamten des Ordnungsamtes verwarnt, weil Fahrradfahren im Park verboten ist. In diesem Fallbeispiel stand zur Diskussion, ob die Bürgerinnen die Einhaltung von Regeln staatlich überwachen lassen wollen oder inwieweit sie selbst Verantwortung übernehmen. So bleibt es dem Publikum überlassen, wie es die Szene interpretiert. Die Zuschauerinnen können entweder damit einverstanden sein, weil sie als Fußgänger ein Problem haben, wenn im Park Fahrrad gefahren wird. Oder sie lehnen das Einschreiten des Ordnungsamtes ab, weil sie freiheitsliebend sind und nicht an jeder Ecke von einem Beamten reglementiert und kontrolliert werden wollen. Sie verstehen sich als mündige Bürgerinnen, die selbst in der Lage sind, diesen Konflikt zu regulieren.

Umberto Eco schuf den Begriff der Interpretationsvariabilität.[25] Wie Menschen die Dinge beurteilen, hängt laut Eco von verschiedenen Faktoren, von persönlichen Werten und Meinungen, die wir sozialisationsbedingt erworben haben, ab. Für den Joker bedeutet das, unterschiedlichen Standpunkten Raum zu geben, offen für unterschiedliche Argumente zu sein und eine Interpretationsvariabilität aufrechtzuerhalten. Gerade die unterschiedlichen Reaktionen des Publikums sind für eine Kontroverse notwendig und müssen als eine Bereicherung wahrgenommen und wertgeschätzt werden. Sie gehören zu einem spannungsreichen Theaterabend.

Erstes Statement ist nicht gleich erste Intervention
Das Gespräch ist genauso wichtig wie die Intervention. Auch wenn eine Intervention das Forumtheaterspiel erst möglich macht, steht für uns das Gespräch über ein kiezrelevantes Problem im Vordergrund. Wir achten inzwischen darauf, dass nicht die erste Aussage aus dem Publikum auch die erste Intervention wird. Wenn man gleich die erste Aussage zum Anlass nimmt, die Person auf die Bühne zu bitten, kann es andere Zuschauerinnen abschrecken, sich zu Wort zu melden. Das wäre kontraproduktiv für die Diskussion: Eine Wortmeldung muss möglich sein, ohne gleich die Befürchtung zu haben, auf die Bühne gebeten zu werden. Einige Zuschauerinnen wollen auf gar keinen Fall auf die Bühne. Oft stehen dahinter schlechte Erfahrungen, wie zum Beispiel der Zirkusbesuch, bei dem die Clowns in die Manege kommen und die Menschen in der ersten Reihe mit Wasser bespritzen. Oder man wurde sogar in die Manege geholt, um den Kasper für das grölende Zirkuspublikum abzugeben.[26] Diese Bilder tauchen bei einigen Menschen auf, zum Beispiel wenn sie das Wort Mitmachtheater hören oder wenn sie lesen, dass sie auf die Bühne gehen können.

---

[25] Zu Umberto Ecos Begriff der Interpretationsvariabilität vergleiche „Handbuch der Kommunikationsguerilla - Jetzt helfe ich mir selbst" (Hg: Autonome a.f.r.i.k.a. gruppe, Luther Blisset; Sonja Brünzels, Berlin-Göttingen 1997, S.177 und 189).

[26] Bei Talkshows im Fernsehen wird das Publikum von einigen Kameraleuten und Produzenten als „Schwenkfutter" bezeichnet, weil die Kamera ab und zu ins Publikum schwenkt. Diese zynische Wortschöpfung zeigt auf, wie Menschen zunehmend nur als Objekte gesehen werden. Sie dienen nur als Kulisse.

Das Wort „können" wird manchmal gleich als „müssen" interpretiert und schon setzt eine Blockade und Abwehrhaltung ein. Bei den Aufführungen des Kieztheaters akzeptieren wir den legitimen Wunsch, nicht auf die Bühne zu gehen. Wenn wir für unsere Kieztheaterveranstaltungen werben, weisen wir darauf hin, dass kein Mitspielzwang herrscht.

Animation zur Intervention
Im Kieztheater geht es nicht nur darum, über die gezeigten Szenen zu sprechen, sondern die Szenen mittels Interventionen zu verändern.
Nach den ersten Statements wollen wir eine Intervention. Wenn im Publikum aber die Frage dominiert, ob es dem Joker gelingen wird, jemanden auf die Bühne zu bringen, läuft etwas schief. Solch eine Atmosphäre schadet dem Forum.
Sobald jemand auf der Bühne als Zuschauspieler[27] einwechselt, finden sich in der Regel auch weitere Zuschauerinnen, die auf die Bühne gehen wollen. Dabei bewegt sich der Joker auf einem schmalen Grat in der Animation. Natürlich möchte er das Publikum ermutigen, eigene Vorschläge auf die Bühne zu bringen. Ein positiver Gruppendruck kann hilfreich sein. Er ermöglicht den Zuschauerinnen Grenzen zu überschreiten. Wenn das Publikum nach der Aufforderung des Jokers, einen Vorschlag auszuprobieren, applaudiert, dann ist das eine Form von positivem Gruppendruck. Allerdings sollte man allen die Wahl lassen, ob er oder sie auf die Bühne gehen möchte.

Edelstein: Zuschauer überwinden Grenzen
> Viele Menschen kostet es erst mal Überwindung auf der Bühne zu stehen. Wenn man beispielsweise durch den positiven Gruppendruck eines Applauses die Zuschauer auffordert die Szene zu verändern, dann ist dies ein wichtiges Hilfsmittel des Jokers um Unentschlossene zu motivieren. Dass sich diese Art der Unterstützung lohnt, haben wir immer wieder am Ende der Vorstellung erfahren. Viele aktiv gewordene Zuschauer kamen auf uns zu und erzählten, sie hätten noch nie in ihrem Leben auf einer Bühne gestanden und hätten nie gedacht, dass sie sich trauen würden eine Bühne zu betreten. Damit bekamen wir die Bestätigung für unser Anliegen mit unserem Theater auch Menschen anzusprechen, die vorher nie etwas Derartiges im Theater wagten.

---

[27] In der Fachliteratur des Theaters der Unterdrückten werden deshalb die Zuschauerinnen als „Zuschauspieler" bezeichnet, weil sie beide Rollen haben sowohl Zuschauerin als auch Schauspielerin.

Würdigung der Intervention des Publikums

Nach einer Intervention des Publikums ist es wichtig, diese auch zu würdigen. Jede Intervention bekommt nicht nur den Applaus des Publikums. Als Wertschätzung bekommen die Zuschauspieler noch ein kleines Geschenk von uns. Auch dies war Teil der Dramaturgie im Kieztheater. Wir überreichten immer Blumen als Dankeschön nach der Intervention. Dies mag banal erscheinen, aber diese Kleinigkeit trägt zur Atmosphäre bei und symbolisiert die Wertschätzung für die Intervention. Zur Würdigung gehört es ebenfalls, den Zuschauspieler noch zu befragen, wie es ihm auf der Bühne erging: *„Wie war das für dich? Wie konntest du deine Idee umsetzen?"* Die Antworten kann man gleich aufgreifen und weiter in das Publikum geben.

Ich muss mich immer wieder überwinden, mal laut zu sein, mal wütend, all das was ich meiner Umwelt eher nicht so zeige und das macht irgendwie Spaß und gibt bei jeder genommenen persönlichen Hürde ein wenig mehr Gelassenheit. Zu probieren, zu spielen mit den unterschiedlichsten Menschen, dabei lerne ich viel über mich und mit den anderen. Ich mache Kieztheater, weil ich diese Theaterform als wunderbare Weise empfinde zu diskutieren, in Dialog zu treten und sich mit wichtigen Themen auseinanderzusetzen. Es hat was mit machen zu tun, und nicht nur drüber reden und das gefällt mir. Es geht um Probleme, die uns betreffen und nicht über Probleme von anderen über die sonst gerne und viel diskutiert wird. Diese kreative Form, sich mit Politischem auseinander zu setzen, inspiriert mich und regt an Neues zu denken.

Aki

Fragen statt Antworten – Interaktion im Publikum

Wir versuchen zu vermeiden, dass es „Ping/Pong Gespräche" zwischen Joker und Publikum gibt. Das Publikum soll möglichst miteinander diskutieren. In diesem Punkt sind wir mit unseren Aufführungen noch nicht ganz zufrieden. Es erwies sich als schwierig, Diskussionen innerhalb des Publikums anzuregen. Es bedarf noch weitergehender Ideen, um der Interaktion zwischen den Zuschauern während der Aufführung mehr Geltung zu verschaffen.

Einige Kommunikationsformen probierten wir bei unserem Abend „Wohnen als Freiraum" aus, bei dem es um das Thema alternative Wohnmodelle ging. Als Kommunikationsangebot fungierte die Einstiegsfrage: *„Wie wohnen sie? Wohnen sie allein oder in einer Zweierbeziehung?"* Wir forderten die Zuschauerinnen auf, uns per Handzeichen einen Einblick in ihre Wohnverhältnisse zu geben. Dann fragten wir gezielt nach, wer in einer klassischen Wohnung beziehungsweise einem Haus wohnt, ob in einer Familie oder in einer Wohngemeinschaft, ob es Haustiere gibt und wenn ja welche. So wurden viele Informationen gesammelt, um das Publikum schneller miteinander ins Gespräch zu bringen.

In der Forumtheaterszene des Abends zeigten wir ein Wohnprojekt in der Gründungsphase. Aus dieser Szene ergaben sich folgende Fragen ans Publikum:
Was ist das Spannende für Sie an Wohnprojekten?
Warum möchten Menschen in Wohn- / Hausprojekten leben?
Was gefällt Ihnen an dieser Utopie der alternativen Wohnkonzepte?
Was bedeutet für Sie Wohnen als Freiraum?
Sind Sie zufrieden mit ihrer jetzigen Wohnform?

Die Frage, warum Menschen in Wohn- oder Hausprojekten wohnen, nahmen wir versuchsweise als „Gruppenfrage". Der Joker teilte die Zuschauerinnen in Kleingruppen auf und gab ihnen die Zeit, in der Kleingruppe miteinander über diese Frage ins Gespräch zu kommen. Von einer Besucherin bekamen wir die Rückmeldung, dass sie die „Gruppenfrage" wie in einem Uni-Seminar empfunden hätte. Die Herausforderung bleibt Kommunikation unter den Zuschauerinnen zu entwickeln, die die Theaterveranstaltung nicht in einen Workshop oder ein Seminar verwandeln.

Provokation und Kontroverse

Es gibt nichts Langweiligeres als einen Kieztheaterabend, bei dem alle Beteiligten im Publikum derselben Meinung sind. Das Kieztheater braucht den Konflikt und braucht Emotionen. Die Kontroverse ist manchmal sehr hilfreich, um das Publikum aus der Reserve zu locken. Aufgabe des Jokers kann es sein, die Inhalte zuzuspitzen, um das Publikum zu animieren, ihm zu widersprechen und somit eine Debatte anzuzetteln. Deshalb kann es sinnvoll sein, gelegentlich einen Standpunkt gegen das Publikum

Die Moderation und die Rolle des Jokers im Kieztheater

einzunehmen. Dies tat der Joker bei einer Spielszene zum öffentlichen Raum, in der wir das Thema Kiezstreife[28] thematisiert haben.

Szene: Der Parkbesuch

Auf der einen Seite der Szenerie gab es auf einer Parkbank angetrunkene Parkbesucher, die wie „ungepflegte Obdachlose" aussahen. Neben dieser Bank hatten wir einen Mülleimer aufgestellt, der überquoll. Auch sonst war die Szenerie ziemlich „vermüllt". Auf der anderen Seite, direkt gegenüber, saßen zwei Berufstätige, die ihre Mittagspause im Park verbringen wollten. Beide mit Vollkornökoschrippen und der Taz[29] ausgestattet. Als ein Betrunkener von der Parkbank nun direkt neben der Bank im Gebüsch seine Notdurft verrichtete, gab es Streit. In dieser Situation betrat die Kiezstreife des Ordnungsamtes die Bühne.

Unser Kreuzberger Publikum liebte es, auf die Bühne zu gehen und leidenschaftlich Partei für die sozial deklassierten Trinker zu ergreifen. Sie agierten heldenhaft gegen die Ordnungshüter in der Szene. Menschen kämpfen gerne auf der Bühne gegen die „Obrigkeit" an. Das ist auch gut so und theatralisch oftmals sehr unterhaltsam. Aber irgendwann ging in diesem konkreten Fall der Konflikt verloren. Es wurde gar nicht mehr wahrgenommen, dass es durchaus nicht angenehm ist, auf einer Bank zu sitzen, wenn direkt nebenan uriniert wird. An diesem Punkt fragte der Joker das Publikum, ob es denn solch ein Verhalten im öffentlichen Raum in Ordnung fände? Damit war der Joker auf den ersten Blick eine „Spaßbremse", hatte aber den Konflikt wieder in den Fokus gerückt. Die Einigkeit im Publikum gegen das Ordnungsamt veränderte sich hin zu einer Diskussion über Grenzen öffentlichen Handelns. Und da waren die Auffassungen wesentlich konträrer zwischen den Männern und Frauen im Publikum. Zur Kontroverse gehört, wie zum Theater überhaupt, die Emotion. Ohne emotionale Regung wirken Kontroversen manchmal sehr hölzern. In dem Interview beim „Heldenabend" mit einem in der medizinischen Flüchtlingshilfe Berlin[30] engagierten Arzt verwendete der Joker gezielt eine verbale Provokation, damit der Interviewte Emotionen zeigte. Der Joker fragte ihn, warum denn das Büro der medizinischen Flüchtlingshilfe Berlin nicht versucht, bei staatlichen Stellen an Gelder zu kommen. Diese Frage traf einen Nerv. Der Interviewte war richtig empört und erwiderte, dass sie als Organisation unabhängig vom Staat sein wollen und in Opposition zu der herrschenden Flüchtlingspolitik stehen. Aufgrund der gezeigten Emotion blieb das Interview im Gedächtnis der Zuschauerinnen hängen.

---

[28] Mitarbeiter im Außendienst des Ordnungsamtes werden in Berlin „Kiezstreife" genannt.
[29] Wir haben die Berliner Tageszeitung „Taz" gewählt, um das Klischee zu verstärken, dass die Figur eine „Grünwählerin" und ökologisch orientiert ist.
[30] Informationen des Büros für medizinische Flüchtlingshilfe Berlin gibt es auf: http://www.medibuero.de,

Stolperstein: Vorsicht bei Kontroversen und Provokationen

Wenn eine kontroverse Diskussion zu früh im Publikum einsetzt oder unterschiedliche Meinungen unversöhnlich aufeinanderprallen, kann das die Zuschauerinnen davon abhalten in die Szene zu intervenieren. Sie befürchten, für ihren Veränderungsvorschlag kritisiert zu werden. Das führt dazu, dass niemand die Bühne betreten möchte. Deshalb haben heftige Kontroversen manchmal eher abschreckenden Charakter auf das Publikum. Aber auch hier gibt es immer auch die Ausnahme von der Regel.

Mit der „Provokation" des Publikums muss der Joker sehr vorsichtig umgehen. Es wird dem Joker schwer fallen, Menschen zu animieren und sich einzubringen, wenn sich große Teile des Publikums von ihm zu sehr provoziert fühlen. Ein Joker braucht die Sympathien des Publikums und Provokateure sind selten Sympathieträger.

Das erste Mal als Joker

Kristina Rahe

Es ist gar nicht so einfach, den Zeitpunkt konkret zu benennen, an dem ich zum ersten Mal als Joker eingesetzt war. Denn mein erster öffentlicher Auftritt, meine Moderation von zwei Kieztheaterabenden im März 2008, wurde von zahlreichen Seminaren vorbereitet. Dabei habe ich Forumtheater als Baustein in der pädagogischen Bildungsarbeit mit Jugendlichen eingesetzt.

In einer geschützten Seminarsituation ist sowohl das „Forum spielen" als auch das „Forum moderieren" natürlich etwas ganz anderes als auf der öffentlichen Bühne. Im Seminar geht es eher darum, den Bedarf der Gruppe zu erkennen, ein Thema auf den Punkt zu bringen und den Austausch der Jugendlichen untereinander zu fördern. Die Moderation der Szenen unterscheidet sich außer der gewählten theatralischen Umsetzung nicht so stark von sonstigen Seminarmoderationen. Der wesentliche Faktor, welcher die Tätigkeit der Moderation zum Jokern im Boal'schen Sinne transformiert, ist für mich der Aspekt der Öffentlichkeit. Denn hier stellt der Joker tatsächlich das wesentliche Bindeglied zum Dialog zwischen Bühne und Publikum dar.

Beim Kieztheater ging es um die Interaktion mit dem Publikum. Meine Erfahrungen mit dieser Erwartung an den Joker bei meiner ersten öffentlichen Moderation eines Forumtheaters – übrigens ein Abend zum Thema „Wohnen als Freiraum?!" – waren durchaus ambivalent. Gerade weil ich Forumtheater bisher ausschließlich in einem pädagogischen Kontext kennen gelernt und eingesetzt hatte, war ich mir nicht sicher, wie diese Theaterform bei einem offenen Abend ankommen würde. Ich hatte die Befürchtung, dass das Publikum die Aufführung zu sehr als „Seminar" und gesteuerte Veranstaltung wahrnehmen würde. Mir war deshalb ein Moderationsstil wichtig, der nicht belehrend oder allzu kenntnisreich wirkte. Nicht, dass ich diese Elemente generell mit Pädagogik verbinde (natürlich nicht!), dennoch war für mich an dem Abend entscheidend, von allem, was über-pädagogisch wirken könnte, kilometerweit entfernt zu sein. Doch wie stellt man dies an in einer Situation, in der es darum geht, Fragen zu stellen und zur Diskussion einzuladen? Eine wichtige Position nimmt hierbei sicherlich die Zusammenarbeit mit dem Co-Moderator ein. Bei den Kieztheateraufführungen wurde immer zu zweit „gejokert". Natürlich ist es generell genauso möglich, einen Forumabend alleine zu moderieren. Wenn sich aber die personelle Möglichkeit eines Jokerteams bietet, sollte diese Chance meiner Ansicht nach auf jeden Fall genutzt werden. Zwei Personen können noch viel sensibler die Stimmung des Publikums und Signale der Zuschauerinnen und Zuschauer aufnehmen. Was die eine vielleicht gerade nicht sieht, wird vom anderen bemerkt; während der eine redet, hat die andere die Möglichkeit, sich nach Reaktionen und weiteren Meldungen im Publikum umzuschauen. Die Moderation kann abwechslungsreicher und spannender sein, wenn sich das eingespielte Moderationsteam die verbalen Bälle zuwirft und sie gemeinsam eine konstruktive, witzige und gelöste Atmosphäre erzeugen.

Mit dem „aufeinander eingespielt sein" ist schon eine wesentliche Voraussetzung genannt, die für die gemeinsame Moderation unabdingbar ist. Man sollte wissen, wie der/die andere agiert und reagiert. Im Idealfall hat man die Moderation im Vorfeld

Das erste Mal als Joker

schon ausreichend geprobt – nicht mit einem konkreten Text, sondern mit Formen der Zusammenarbeit (perfekt dafür: Übungen aus dem Improvisationstheater, denn die Teamarbeit ist das Lebenselixier dieser Theaterform und es gibt insofern zahlreiche Übungen, genau diese „ineinander greifenden Rädchen" zu trainieren). Außerdem ist es essentiell, vorab konkrete Absprachen zu treffen, um durch diese strukturelle Sicherheit wiederum Freiraum für Improvisation zu haben.

Das eingespielt sein war an dem Abend zwischen mir und meinem Co-Joker leider (noch) nicht gegeben, so dass wir uns auf unsere Absprachen konzentrieren mussten. Bei mir führte die Konzentration auf den Ablauf am ersten Abend allerdings dazu, dass ich sehr starr agierte. Meine Anmoderationen klangen fast wie auswendig gelernt. Dies war sehr nah an der Realität, denn ich hatte den Text im Detail abgespeichert, um auf der „sicheren Seite" zu sein. Dabei hätte es ausgereicht, sich über den Ablauf und die Art der Interventionen im Klaren zu sein (Was zeigt die Szene, was könnte verändert werden? Wo liegen die Konflikte, wo die Schwächen und Potentiale der Akteurinnen und Akteure?). Dies wurde mir am zweiten Abend verdeutlicht, da ich auf Grund meiner Erfahrungen bei der ersten Aufführung beziehungsweise des Feedbacks einiger Leute meinen Moderationsstil bewusst geändert hatte. Ich wusste, auf welche Elemente der Szenen ich hinweisen wollte; die Aufgabenverteilung mit der Co-Moderation stand fest. Konkrete Texte hatte ich nicht vorbereitet, so dass ich vieles improvisieren musste. Tatsächlich verlief diese Moderation wesentlich unverkrampfter als am ersten Abend.

So selbstverständlich es klingen mag, eine wichtige Empfehlung ist, sich selbst treu zu bleiben. Trotz meiner Moderationserfahrung fühlte ich mich vor den Auftritten unsicher, weil ich keine (positive) Routine mit der Jokerfunktion hatte. Im Gegensatz zum Schauspielen steht man als Joker relativ als „man selbst" auf der Bühne. Dies war für mich schwieriger, als mich in eine Rolle zu vertiefen – vielleicht, weil sich das eigene Selbst angreifbarer fühlt. Ein entscheidender Faktor war es für mich also auf jeden Fall dafür zu sorgen, mich trotz allen Lampenfiebers wohl mit mir selber zu fühlen. Das bedeutete zum einen, mich nicht zu verstellen (siehe Erfahrungen des ersten Abends), zum anderen, mich optimal vorbereitet zu fühlen. Hilfreich sind hierfür auf jeden Fall Moderationskarten, auf denen die wichtigsten Punkte und Fragestellungen in Abstimmung mit der Co-Moderation festgehalten sind. Natürlich ist es offen, welche Interventionen vom Publikum kommen werden. Doch die Hauptkonflikte der Szenen stehen in der Regel fest. So helfen die Karten als Stichwortgeber, nicht zuletzt für den Fall des berühmten „Black outs". Außerdem kann man sich an den Karten im wahrsten Wortsinne „festhalten", vor allem, falls das Jokern ohne Mikrofon auskommt und man als Neueinsteigerin partout nicht weiß, was man mit den eigenen Händen anfangen soll.

Um mich mit meiner eigenen Funktion und Aufgabe vertraut zu machen, war es für mich hilfreich, mich vor der Vorstellung intensiv damit auseinander zu setzen, wie ich selber als Zuschauerin agiere oder agieren würde. Wichtig zu Beginn der Aufführung ist es, mit dem Publikum warm zu werden. Die Aufwärmübungen im Vorfeld der Szenen helfen nicht nur dem Publikum, sich auf den Abend einzulassen, sondern stellen auch einen wichtigen Schritt für den Aufbau der Beziehung zwischen Joker und Publikum dar. Standards für den Einstieg sind zum Beispiel die Erprobung des im Laufe des Abends wichtigen Einklatschens und unterschiedlichste Methoden der thematischen Einführung (niedrigschwellig zum Beispiel in Form von Fragen zum Thema des Abends, bei denen das Publikum aufstehen muss, falls es die Frage bejaht).

Ansonsten gilt natürlich: jede Chance nutzen, um das Jokern vorab zu üben und zu reflektieren – sei es, bei den vorhergehenden Proben diesen Part schon mit einzubauen (auch wenn hier kein reales Publikum vorhanden ist), sei es, sich andere Theatergruppen anzuschauen und sich über Erfahrungen auszutauschen. Auf keinen Fall sollte man sich von der eigenen Nervosität oder Unsicherheit (Kann ich das überhaupt?) abhalten lassen, die Jokerrolle öffentlich auszuprobieren. Dies hieße, eine Menge Spaß und Erkenntnis über sich selber zu versäumen. Und selbst wenn am Ende des Abends eine lange Liste herauskommt, was man beim nächsten Mal alles anders machen würde. So lange das Publikum eine aktive und konstruktive Aufführung hatte, ist dies doch das Beste, was passieren kann: Denn um Veränderungsprozesse geht es ja nun beim Kieztheater!

Glossar

Augusto Boal
Augusto Boal begründete das „Theater der Unterdrückten". Er wurde 1931 in Brasilien geboren und bereiste bis zu seinem Tod im Mai 2009 den Erdball, um seine Theatermethoden in Workshops zu verbreiten. Während der Militärdiktatur in Brasilien wurde Boal 1971 verhaftet, gefoltert und musste das Land verlassen. Er lebte in mehreren Ländern Lateinamerikas und entwickelte seinen emanzipatorischen Theateransatz kontinuierlich weiter. Ab 1978 lebte er in Paris und war auch Dozent an der Université de la Sorbonne Nouvelle. 1986 kehrte Augusto Boal nach Brasilien zurück, gründete das Zentrum des Theaters der Unterdrückten (CTO) in Rio de Janeiro und entwickelte das Legislative Theater, mit dem versucht wird, direkte Demokratie und Bürgerbeteiligung mit Hilfe des Theaters zu ermöglichen.

Forumtheater
Im Forumtheater wird eine Spielszene gespielt, in der eine Person unterdrückt wird und nicht so handeln kann, wie sie es möchte, beziehungsweise Zeuge einer Unterdrückungssituation ist. Im Zentrum der Szene steht der Konflikt. Das Besondere an der Methode ist, dass die unterdrückte Person (Protagonist) oder der Zeuge von Unterdrückung vom Publikum ausgetauscht werden kann. Der Moderator im Forumtheater (Joker) animiert das Publikum, auf die Bühne zu gehen und den Handlungsvorschlag in der Spielszene selbst auszuprobieren. Anschließend wird mit dem Publikum über die Intervention diskutiert. Aufgrund dieser Partizipationsmöglichkeit werden die Zuschauerinnen, die auf der Bühne aktiv werden, im klassischen Forumtheater nach Augusto Boal als Zuschauspieler bezeichnet. Damit wird die Teilung zwischen den aktiven Schauspielern und den passiven Zuschauern in dieser Theaterform aufgehoben. Wenn wir in diesem Buch den Begriff Forumtheater verwenden, dann verstehen wir darunter die Forumtheaterszenen, die wir im Rahmen der Kieztheateraufführungen als ein Theaterelement auf die Bühne gebracht haben.

Improvisationstheater
Improvisation ist eine allgemeine Technik des Schauspielens, entweder um sich Rollen oder Situationen zu erarbeiten oder spontan zu gestalten. In unterschiedlichen Theaterepochen gab es verschiedene improvisierte Theaterformen, wie zum Beispiel die „Commedia dell'Arte". Seit den siebziger Jahren hat sich das so genannte Improvisationstheater oder Improtheater zu einem eigenständigen Theateransatz ent-

wickelt. Im Zentrum dieses Ansatzes steht der Schauspieler, der unabhängig von Autoren oder Regisseuren sowohl seine Rolle und die Geschichte (die Inhalte) während der Aufführung vor den Augen des Publikums erfindet. Eine Aufführungsform ist der „Theatersport": Dabei stehen sich zwei Mannschaften in einen spielerischen Wettbewerb um die Gunst des Publikums gegenüber. Sie führen nach Impulsen, die ihnen aus dem Publikum oder von einem Moderator gegeben werden, spontan und ohne Absprachen Szenen auf. Oder sie spielen so genannte Theaterspiele. Das Improvisationstheater kennt unterschiedliche Variationen, wie das Setting der Aufführungen ausgestaltet wird. Zum Beispiel, wenn zwei Mannschaften im Wettbewerb stehen oder drei Schauspieler gegeneinander improvisieren, um vom Publikum einen Preis zu gewinnen (Gorillatheater). Theatersport wird in vielen Ländern gespielt und wird je nach Land, Theaterkultur und Mentalität unterschiedlich präsentiert. Darüber hinaus gibt es weitere Improtheaterformen, in denen die Spontaneität der DarstellerInnen künstlerisch genutzt wird. Neben dem Theatersport gibt es auch Improtheaterformate, die, zum Beispiel ohne Wettkampf, ganze Theaterstücke spontan erfinden. Improvisationstechniken werden aber auch fließend in angrenzenden Theaterbereichen genutzt, zum Beispiel Playbacktheater, Performances etc.

Der Joker
Wenn im Buch der Begriff Joker auftaucht, dann ist damit der Moderator der Forumtheaterszenen gemeint. Ein Joker kann sowohl weiblich, als auch männlich oder transgender sein.

Keith Johnstone
Keith Johnstone wurde 1933 in Devon, England geboren. Neben Viola Spolin und Del Close zählt er zu den Erfindern des modernen Improvisationstheaters. Seine Persönlichkeit und die ihm eigene lebendige Neugier, ergänzt durch seine Erfahrungen als Pädagoge, ließen ihn seinen eigenen Theaterstil erfinden, der die Kreativität und Spontaneität des Darstellers in den Vordergrund rückt. Seine Leistung war es, dem Improvisationstheater ein Konzept und, ergänzt durch eine ganze Reihe von Übungs- und Theaterspielen, eine pädagogische Methodik zu geben. Mit deren Hilfe kann man sich dem Phänomen der Spontaneität und Kreativität im Theater annähern. Keith Johnstone arbeitete von 1956 bis 1966 als Dramaturg am Royal Court Theatre in London. Dort leitete er die legendäre Autorenwerkstatt (RCT) zu der unter anderem Dramatiker wie John Arden, Edward Bond und Arnold Wesker gehörten. Seit 1971 lehrt er an der Universität von Calgary (Kanada) und leitet Workshops an den wichtigsten europäischen Schauspielschulen und Universitäten. In Kanada gründete er die Theatergruppe Loose Moose Theatre.

Kieztheater

Dies ist die Bezeichnung unseres Theaterprojektes in Kreuzberg. Wenn wir den Begriff Kieztheater verwenden, meinen wir das Gesamtprojekt. Dabei haben wir die Forumtheatermethoden benutzt und sie mit anderen Präsentationsformen aus dem Theater, wie dem Improtheater, ergänzt. Ziel ist es, herauszuarbeiten, wie sich die Ideen des Forumtheaters für eine Bearbeitung stadtteilorientierter Themen nutzen lassen. Das Kieztheater soll Menschen aus dem Stadtteil als Teilnehmerin oder Zuschauer mobilisieren und stadtteilbezogene Themen mit einer politischen Positionierung auf die Bühne bringen. Wir wollen Kommunikationsprozesse zwischen den Bewohnern im Stadtteil anregen und Initiativen im Kiez ein Forum geben.

Theater der Unterdrückten (TdU)

Unter dem Sammelbegriff „Theater der Unterdrückten" werden verschiedene Theatermethoden subsumiert, die Augusto Boal entwickelt hat, wie zum Beispiel Zeitungstheater, Unsichtbares Theater, Statuen-Bilder-Theater, Forumtheater oder Legislatives Theater. Im Kieztheater arbeiteten wir hauptsächlich mit dem Forumtheater. Inspiriert wurde das TdU durch die Theorie der „Pädagogik der Unterdrückten" des brasilianischen Pädagogen Paulo Freire (1921–1997). Ein wesentlicher Bestandteil seiner Pädagogik ist die Dialogbereitschaft und der Glaube an eine Möglichkeit geschichtlicher Veränderung. Sein Leitgedanke ist die Vorstellung einer Autonomie aller Menschen, verstanden als selbstbestimmtes Leben frei von Unterdrückung. Ein Grundmerkmal des „Theaters der Unterdrückten" ist die Verbindung zwischen individuellen Handlungen und dem Verortet Sein in gesellschaftlichen Strukturen, die wiederum politisch gestaltbar sind. Darum werden die Konflikte im Forumtheater nicht als individuelle Konflikte aufgefasst, sondern im gesellschaftlichen Kontext betrachtet. Dies ist auch ein zentrales Merkmal des Kieztheaters. Die Konflikte, Probleme, Missstände, die von uns auf die Bühne gebracht werden, finden im lokalen Rahmen, im Nahbereich, also im Kiez statt.

Glossar

> **Es wird gespielt, gesungen, gefeiert und manchmal ernsthaft gestritten.**
>
> Ich fühle mich wohl in der Gruppe und habe neue Freunde und Freundinnen gewonnen. Die vielen Auseinandersetzungen und Widersprüche stärken mein Leben, Denken und Fühlen.

Stephan

Kieztheater Kreuzberg – bleibende Eindrücke

Tanja Pfefferlein

Es ist Donnerstag, kurz vor 19 Uhr. Aus einem kleinen Raum in der Kreuzberger PlanTage dringen seltsame Geräusche: es quiekt und schnaubt, trampelt, flüstert. Kichern, Lachen, Schluchzen, Weinen sind zu hören … drinnen hüpfen zehn Personen durch den Raum, sprechen in Phantasiesprache miteinander, erzählen sich Lügenmärchen und sagen sich kurz darauf gnadenlos die Meinung, räkeln sich auf

dem Boden, tanzen mit und ohne einander, lachen mit und über einander und applaudieren sich gegenseitig. Eine knappe Stunde später sitzen die selben Personen in Kleingruppen beim Brainstorming zusammen und debattieren darüber, welches Thema sich am besten für die nächste Aufführung eignen würde, welche Initiativen es dazu gäbe, wen man befragen und wie man an mehr Informationen kommen könnte. Es gibt so viele Meinungen wie Teilnehmer und es kommt schon mal zu hitzigen Diskussionen. Erste kleine Szenen werden angelegt, ausprobiert und präsentiert, aber alle wissen, es ist noch ein weiter Weg bis zur Aufführung.

Das Besondere der Kieztheatergruppe aus Kreuzberg war für mich ihre Heterogenität und Offenheit. Jeden zweiten Donnerstag kamen Menschen unterschiedlichsten Alters und Herkunft zusammen, um, aus welchen Gründen auch immer, gemeinsam Theater zu machen. Neue Mitglieder waren stets willkommen und sie kamen, mit neuen Ideen, neuen Themen und neuen Ansichten – Chance und Herausforderung zugleich. Manche blieben länger, andere schauten nur mal so vorbei, aber jeder hinterließ seine Spuren. Durch Aufführungen an ungewöhnlichen, besser theater-untypischen Orten hinterließ das Kieztheater Spuren im Berliner Stadtteil Kreuzberg. Bespielt wurden unter anderem Einkaufszentren, Brücken, Straßen, Kneipen und diverse Sommerfeste.

Die Theaterarbeit begann jedes Mal mit einer gemeinsamen Recherche. Hatte man sich auf ein Thema geeinigt, wurden in Kleingruppen Initiativen und Spezialisten gesucht, besucht und befragt. Die so gewonnenen Informationen bildeten die Grundlage für die Szenenentwicklung. Gemeinsam wurden Konflikte herausgearbeitet, Figuren erschaffen, Rollen verteilt und getauscht, so dass jeder zugleich Autor, Regisseur und Schauspieler in einem war – eine durchaus interessante und basisdemokratische Herangehensweise, aber nicht immer die einfachste und sicherlich nicht die schnellste.

Meiner Meinung nach hat es das Kreuzberger Kieztheater geschafft, die Sprache des Theaters für einen produktiven Austausch – sowohl innerhalb der Gruppe als auch mit seinem Publikum – zu nutzen, ohne dabei die Lust am Spielen, am Ausprobieren und am Entdecken zu verlieren. Besonders an die so genannte „Schlüsselrunde", mit der die Proben begannen und bei der jeder sein Highlight der letzten zwei Wochen erzählen durfte, an die Intensivwochenenden kurz vor den Aufführungen, bei denen nie das Kulinarische zu kurz kam, und an die Vorstellung der Methode des Forumtheaters im Stil der „Sendung mit der Maus", werde ich mich noch lange und gerne zurück erinnern.

Aktive Verbindungen mit der Wirklichkeit eingehen und Theater als komprimierte Wirklichkeit nehmen – zum Community Theatre (CT)

Gerd Koch

Community Theatre (CT) will ich – zuerst und als Begriff ungeschützt – als eine Form des Volkstheaters verstehen. Dadurch aber, dass der angloamerikanische Begriff CT gewählt wird, öffnet sich ein anderer Assoziationsraum als der deutsche oder der österreichische. Es wird damit nicht ans Volk als ethno-nationaler Größe (vgl. Kritik des Ethnonationalismus (Hannoversche Schriften 2). Frankfurt am Main 2000) erinnert, sondern an eine bürgerschaftliche Zivilisation, die den *citoyen* als soziales und Rechts-Subjekt versteht – gleich welcher so genannten Ethnie –, als Mitglied der Nation, des Volkes (besser: der Bevölkerung, wie Bertolt Brecht zu sagen empfahl), der Rechtsgemeinschaft, der Gesellschaft in ihrer pluralistischen Verfassung. Auch liegt dem CT nicht das deutsche Wort Gemeinschaft (Kommunität, Gemeinde) – als Gegensatz zu Gesellschaft – zugrunde, das leicht mit dem Zusatz ‚Volk' versehen wird und zu einem Exklusionsbegriff wird, wenn das romantische Gemeinschaftsverständnis über den modernen Gesellschaftsbegriff gestellt wird.

Der Begriff der Gemeinschaft kann im Konzept des CT jedoch auch eine positive Konnotation haben, nämlich dann, wenn man die Binnenverhältnisse, die „sozialnahen" Produktionsverhältnisse in einer CT-Gruppe beschreiben oder gestalten will. Die Intimitätsstruktur der CT-Gruppe kann man durchaus als Gemeinschaftskunst verstehen und sich theaterpädagogisch wünschen. Gelingt sie, wird positive Selbstkräftigung ermöglicht. Zu beachten ist aber, dass die Produktionsgruppe wirklich dynamisch bleibt und nicht zu einer verschworenen, geschlossenen Gemeinschaft, zu einem Zirkel wird; denn dadurch würde die republikanische Dimension von CT, also die öffentliche Sache (res publica), schon im Geflecht der internen Kooperation Schaden nehmen.

CT wäre also mit Gesellschafts-Theater und nicht mit Gemeinschafts-Theater zu übersetzen: als Theater, das in der Gesellschaft agiert, das Teil davon ist, das sich beteiligt an dem, was gesellschaftliche Öffentlichkeit ist, beziehungsweise durch sein Agieren erst zur Öffentlichkeit als einem Produktionsverhältnis wird. CT hilft mit, dass der amorphe Gegenstand „Gesellschaft" Form annimmt, dass er erkennbar wird und sich dynamisch entwickeln kann. Es steht damit im Zusammenhang der Prinzipien eines Kommunalen Kinos, Bürger-Radios (vgl. Harald Hahn: Freie Radios als Ort der aktiven Jugend-Medienarbeit. Stuttgart 1999), lokalem Fernsehen, von Kommunal-Politik – und es steht in der Dialektik von ‚lokal' und ‚global'.

Es bietet sich kultur-, bildungs- und sozialpolitisch an, in Analogie zum Grundgesetz zu denken, etwa mit Bezug zum Artikel 2 (Allgemeines Persönlichkeitsrecht), 4 (Glaubens-, Gewissens- und Bekenntnisfreiheit), 5 (Meinungs- und Pressefreiheit, Freiheit der Kunst und der Wissenschaft), 8 (Versammlungsfreiheit), 9 (Vereinigungsfreiheit) oder gar Artikel 21, in dem es heißt, dass „(die) Parteien bei der politischen Willensbildung des Volkes mit(wirken)". In unserem Falle des CT würden wir mutig folgendes ‚Grundgesetz' formulieren: Das CT wirkt bei der politischen Willensbildung mit. Bürger haben das Recht, sich zu versammeln! Und wir würden dann noch in die Richtung von Artikel 20 GG denken, wo es um das komplizierte „Recht zum Widerstand" geht.

Gesellschaftliches und ästhetisches Eingreifen
In diesem gedanklichen und real-sozialen sowie kulturellen Zusammenhang wäre CT eine Aktivität, die analog zu einer Bürgerinitiative oder einer NGO ein Segment sozialer beziehungsweise sozial-kultureller Bewegungen betreibt, um bürgerschaftlichen Akteursstatus zu kräftigen, Interesse(n) anzumelden beziehungsweise Gesellschaft in Teilbereichen zu gestalten, zu vitalisieren.

Zum Community Theatre (CT)

CT ist eine ästhetische, soziale, interaktive Macht-Ausübung, die sich von staatlich-bürokratischer, herrschaftlicher Macht-Ausübung unterscheidet; denn sie ist primär kommunikativ und vermeidet Verkrustung und Bürokratisierung.

Ferner sind die Teilnehmer Experten und Expertinnen für sich selbst, beziehungsweise streben es an zu werden. Und sie nehmen eine „Selbstmandatierung zum Schutze des Guten" vor (Brumlik: Kritik des Zionismus, S. 58). Sie repräsentieren nicht andere und deren Bedürfnisse, fühlen sich jedoch verpflichtet, Kontexte, in denen sie sich befinden, selbst zu bedenken, beziehungsweise für ihr Nicht-Wissen spezielle Kompetenz interessengeleitet hinzuzuziehen oder selber zu entwickeln. Das kann thematische, so genannte inhaltliche Seiten betreffen, aber auch methodische, Theaterarbeits- oder pädagogische Seiten. In dieser Hinsicht ist ein CT ein Theater der Erfahrungen (Theatre of Experiences) und ein Theater zur gesellschaftlichen Entwicklung (Theatre for Development), auch ein Theatre of Relevance (vgl. Hoffmann u.a.: Theater über Leben. Entwicklungsbezogene Theaterarbeit / Theatre of Relevance. Theatre Work Focussing Development) – es begleitet gesellschaftlichen Wandel beziehungsweise. kapitalistischen Strukturwandel nicht passiv sondern aktiv, nimmt gesellschaftlichen Akteursstatus wie selbstverständlich in Anspruch und kann auf systemtranszendierende/-überwindende Reformen zielen, will sich nicht dem Status quo anbiedern.

Mit anderen Worten: CT ist Theater im Geflecht, im Netzwerk des sozialen und politischen Feldes. Die thematischen und ästhetischen Bedingungen des Feldes bestimmen seine Arbeitsform mit, sind oft auch erster Anlass zur Bildung eines CT, das sich als Eingriff ins Feld, als interessensgeleitete Interventionen versteht.

CT gewinnt in seinem Tun eine institutionalisierte Form, zumeist eine offene, selbstbestimmte, die aus den Produktionsweisen von Theater, Kunst oder Ästhetik abgeleitet sind oder aber eine möglicherweise phasenweise strengere Formalisierung, die aus den Handlungsbedingungen von Gesellschaft, Umfeld/Umwelt und politisch-sozialer Intention gestiftet wird. Eine Analogie aus naturwissenschaftlichem Denken mag zeigen, wie die institutionelle Formierung von CT sich dynamisch gestaltet und wie sie sich ändert. Für die Theorie des Lichtes gilt/galt diese Beschreibung: Licht breite sich wellenförmig, fast gestaltlos/diffus in Schwingungen aus; treffe aber ein Licht(strahl) auf einen Gegenstand, dann bekäme er korpuskulare Materialität. So kann es – idealisiert – beim CT sein: Seine – interne – Arbeitsform mag viele Formen des Versuchens, des *trial and error* kennen, des probeweisen Verwerfens im geschützten Raum, dazu manche Diffusion in Bezug auf Zielfindungen. Verlässt CT aber diese Phasen seiner Arbeit und agiert bewusst im öffentlichen Raum, dann verkörpert es sich zu einer gesellschaftlichen Größe, mit der als kommunikative Macht zu rechnen ist.

Es (er-)findet neue, andere Sprachen, wendet sie durch Theater, Szenen, Drama, Performanz, Künste an – als kommunikatives Übungsfeld.

Offene Arbeitsweise
Nun ist zugleich diese typisierte Form des Theatermachens als Geschehen in einem Innen und Außen gerade für die Arbeitsrealität des CT nicht die Regel. Denn CT will ja gerade insgesamt eine offene Arbeitsweise sein. Ein Sprachbild, das Bertolt Brecht (wohl von Karl Marx übernommen) in seinem Stück „Die Tage der Commune" für die Arbeitsweise der politischen Pariser Commune von 1871 wählte, mag hier passen: „Die Commune (community! Anm. gk) arbeitete im hellen Licht der Öffentlichkeit." Sie war eine ‚öffentliche', durchsichtige Körperschaft – und darin eine konkrete Utopie einer *res publica*, einer Republik, die ja eine öffentliche, offene Sache ist: CT also als eine kleinformatige Republik, als Insel für eine Meinungsbildung in aller Öffentlichkeit, seine Arbeits- und Erkenntnisweisen nicht verheimlichend. In solcher Struktur liegt eine wichtige Kraft von CT: Es zeigt an, wie anders politisches Leben sein kann, sein sollte. Allein damit ist es schon ein kritisches Element in verkrusteten Gesellschaftsformationen (und das sind bislang alle – mehr oder weniger). CT zeigt im Kleinen ein dynamisches Modell von gesellschaftlicher Beteiligung, kann als eine politisch-ästhetische Zukunftswerkstatt (vgl. Koch: Die Methode „Zukunftswerkstatt" in der Sozialpädagogik) verstanden werden. Und statt im Nebel des gesellschaftlich bisher nicht Gelungenen oder immer wieder zurückgenommener Versprechen zu stochern, wird hier schon einmal begonnen, Änderungen einzuleiten: „statt auf den großen Tag der Erlösung" (Robert Jungk) zu warten. Politischer, verbunden mit ästhetischem Pragmatismus ist die eine Seite, die hier gestaltet wird. Aber durch den innovativen, eingreifenden, normabweichenden, auch ungehorsamen Charakter von CT wird eine soziale, politische wie ästhetische und kognitive Ergänzung der gesellschaftlichen Verkehrsverhältnisse durch neue, alternative Formen, durch neue Inhalte – also nicht pragmatisch – vorgenommen: durch die Intervention mittels CT soll die Gesellschaft/community eine andere werden, eben weil CT in ihr aktiv ist oder gewesen ist.

Solche Folgen sind nicht nur dann positiv zu bewerten, wenn etwa ein prospektiertes Ziel der CT-Gruppe erreicht wurde. Schon die Tatsache allein, dass es ein CT gab/gibt, dass es sich zeigt/e in der Gesellschaft, dass es Anteil an der Gesellschaft und in ihrem Gedächtnis beansprucht, ist als Positivum zu verbuchen.

Ad personam hat Dieter Henrich einmal das kontrastive Lehrer-Schüler-Verhältnis so bestimmt und ich will es modellhaft auf das Verhältnis von CT und Gesellschaft übertragen: „Der Schüler eignet sich die Meinung des Lehrers nicht an, indem er … sie imitieren lernt. Ein Lehrer ist uns der, der Antwort gibt auf unsere eigenen Fragen und der uns befähigt, sie besser zu stellen. Ohne ihn hätten wir nicht so gefragt, wie wir es tun. Der gute Schüler stellt aber Fragen, die der Lehrer sich selbst vorgelegt hat. In ihnen macht er das Ganze dessen zum Problem, was ihm als Wahrheit gelehrt worden ist. So ist einer gerade dann Schüler, wenn er dem Lehrer nicht folgt, sofern nur seine ‚Unfolgsamkeit' daraus entsteht, dass er dem Lehrer begegnet ist. Der gute Schüler ist gegen den Lehrer er selbst, aber nichts ohne ihn." (Henrich: Marx als Schüler Hegels, S.191 f.). Beziehe ich dieses Eigensinn respektierende Verhältnis auf die Beziehung „CT" und „Gesellschaft", in der es handelt, dann bedeutet es: wichtig ist nicht, dass der Schüler (hier „die" Gesellschaft) dem Lehrer (hier das CT mit seinen Absichten) folgt, wohl aber, dass sie sich begegnet sind. Ein neues, gesellschaftliches Lehr-Lern-Verhältnis wird durch das Agieren von CTs in der Gesellschaft entfaltet. Das Konzept des CT geht davon aus, dass Gesellschaften lernfähig sind – stimuliert durch Aktivitäten ihrer Teilsysteme. Theaterpädagogik wird so zu einer gesellschaftlichen Begegnungspädagogik, die das Gegnerische nicht eliminiert.

Es werden gesellschaftliche Machtverhältnisse verschoben; es werden – was Brecht mit seinem Theater meinte ereichen zu können – Trennungen, Spaltungen (im Publikum, hier also in der Gesellschaft) hervorgerufen, weil man (sich) jetzt genauer wahrnimmt, nicht alles mehr so, wie es ist, hinnimmt, sich mit Gründen zu entscheiden lernt, andere Positionen und Begründungszusammenhänge kennen lernt und verstehen kann. Aufmischung des Bisherigen, des Unbefragten kann geschehen, ferner De-Konstruktion und Neu-Konstruktion (das theatralische Montage-Prinzip wird hier wirksam als gesellschaftliches Prinzip) – auch dies in Vorläufigkeit – durchaus. Es wird theatralische „Zivilisationspolitik" (Edgar Morin), betrieben durch politisch-ästhetisch handelnde Personen (Protagonisten: ein Wort aus Theater und Gesellschaft) im agon (Wettstreit) (vgl. Chantal Mouffe: Über das Politische. Wider die kosmopolitische Illusion). Als Perspektive, als Horizont, wird in der Regel das Gelingen stehen, aber nicht als Anpassungskurs, geht doch CT zu Recht davon aus, dass das Nicht-Gelungene noch die Regel ist und das Gelungene eine Ausnahme, die es zu verallgemeinern gilt mittels produktiver und zielstrebiger und variabler Arbeit durch CT.

Die Projekt-Methode (vgl. Sting: Projekt, S. 229 ff.) nach Dewey und Kilpatrick in ihren methodischen Schritten mag dem CT als Organisations-Muster für Recherche, Planung, Durchführung, Verfahrens(selbst)kritik, bewusste Akzentverschiebung,

Erfolgs- und Misserfolgsmessung durch Wirksamkeitsdialoge (s. o.), Justierung und veränderte Durchführung eines neuen CT-Projekts dienen. Die Phasen eines projektorientierten CT-Prozesses können (und müssen!) mit theatralischen Mitteln gestaltet und angegangen werden. Und es gibt solche Mittel im Repertoire des politischen beziehungsweise des Theaters in sozialen Feldern (vgl. Cronin u.a.: Training Manual for Theatre Work in Social Fields; Koch u.a.: Theaterarbeit in sozialen Feldern. Theatre Work in Social Fields; siehe allgemein: Koch: Theatralisierung von Lehr-Lernprozessen). Das ausdifferenzierte Arbeitsmodell eines Augusto Boal sollte herangezogen werden und als Folie dienen: vom generellen Konzept eines Theaters der Unterdrückten hin zu detaillierten, speziellen Theaterformaten und zu einer Ästhetik des Theaters der Unterdrückten.

Theater-methodische Anregungen
Zur Recherche bieten sich Methoden des Forum-Theaters an, ebenso können herangezogen werden Elemente szenischer Sozialforschung (vgl. Koch: Theater-Spiel als szenische Sozialforschung, S. 81 ff.; Wrentschur, S. 196 ff., entwickelt „Szenisches Forschen – Zwischen Erfahrungs-, Wahrnehmungs- und Handlungsbezug"), aktivierende Formen der Handlungs- oder Aktionsforschung, der Biographie-, Gruppen- und Erzählforschung (vgl. Koch, Schmidt, Weßeling: ErzählCafés, S. 87 ff.). Auch kurze Improvisations-Szenen im Alltag können stimulieren und Debatten zur Lockerung für Nennungen und Skizzen von Problemen und Wünschen hervorrufen (interventionistische Sozialforschung, Handlungsforschung, *action research*). Und näher am jeweiligen Subjekt sind Anregungen aus dem Boal'schen „Regenbogen der Wünsche". Zur Dokumentation können empfohlen werden: Portfolio (Bräuer: Schreiben als reflexive Praxis. Tagebuch, Arbeitsjournal, Portofolio; ders.: Schreibend lernen), Logbuch (Wolf Wagner fordert die Entfaltung eines avancierten, kreativen, neugierigen ethnologischen Blicks und die Anwendung von ethnographischen Forschungs- und Darstellungsweisen beim Lehren und Lernen in sozialen Fächern http://www.fh-erfurt.de – durchgängig zu führen und immer wieder heranzuziehen (Achtung: Es besteht die Gefahr des nur thematischen, sachlich-fachlichen Dokumentierens der Daten und Prozesse beziehungsweise auch des schon Bekannten und Bestätigenden. Deshalb kann es nützlich sein, zeichnerische Darstellungen zu machen, dazu Fotos, Videos oder Tonaufnahmen und nach dem Modell des Pro und Kontra aufzuschreiben beziehungsweise das Unbekannte in den Fokus zu nehmen).

Zur Planung sind Methoden des Planspiels, des Gruppendiskussionsverfahrens, der Zukunftswerkstatt, von Erzähl- und Schreibwerkstätten und Methoden der oral history

Zum Community Theatre (CT)

(wie sie Geschichtswerkstätten betreiben) zu nutzen; auch Expertenrunden in Form des open space-Modells bieten sich an. Immer sollten solche Methoden genutzt oder erfunden werden, die das szenische, darstellende, performative, imaginative, bildnerische und/oder spielerische Moment in den Planungsprozessen bedienen.

Zur Durchführung eines CT kann meines Erachtens als Grundantrieb und Verfahrensstruktur Augusto Boals Legislatives Theater gelten und es sind methodisch

> *Was? Forumtheater in Deutschland? Wie?*
> *Mit welchem Thema würde es in den deutschen Kontext passen?*
> *Die Neugier, das Forumtheater in einem anderen Land zu erleben, war meine erste Motivation für das Kieztheater. Auf der Suche mein eigenes Ich in einer anderen Kultur zu verstehen und zu finden, fand ich das Kieztheater. Mir gefällt die Tätigkeit des Kieztheaters. Es ist eine Gruppe des Viertels. Die Problemthemen werden demokratisch ausgewählt. Die Themen werden bearbeitet, es wird argumentiert usw. Die Gruppe ist keine Firma, sie will kein Geld verdienen.*

Hélio Rocha de Lima aus Brasilien

die ästhetischen und gesellschaftlichen Kreativitäten aller Beteiligten gefragt. Man kann sich hier probehalber Darstellungsweisen bedienen, die man von irgendwoher kennt, die im Feld, in dem man aktiv werden will, vielleicht schon gängig sind – etwa durch Mediengebrauch, durch Pop Music, Folklore, Zirkus, Straßenanimation, sportliche Events – also sich nicht begrenzen lassen. Anregend sind Übungen mit Boals Vorschlägen zum Zeitungstheater und Statuentheater: man übe damit! Das Modell eines learning by doing kann erweitert/ergänzt werden durch ein learning by entertaining (nur keine Scheu, solange der Kontext des CT gewahrt bleibt!). Oder: Man nehme und setze solche Theatermethoden und -formen ein, die gerade nicht bekannt sind, so dass der Moment der Neugier auf Ungewohntes durchaus als Überraschungs- und Lockvogel-Effekt genutzt werden kann – zu denken ist an Körperaktionen (vgl. Koch, Naumann, Vaßen: Ohne Körper geht nichts), Material- und Puppentheater, historische Theaterformen, Performances, poetisches Theater, Kontrast-Montagen/Montage der Attraktionen, filmische Schnitttechnik und Überblendung, Revue, Formen von Erzähl- und Zeitungstheater (überhaupt: vielfältig wie eine gute, lebendige Zeitung sein), Clowns- und Fools-Theater mit ihren Regelverstößen und mit Skandalisierung. Anleihen bei unbekannten Theaterkulturen (das Odin-Teatret gibt Anregungen, ebenso Czertok: Teatro Nucleo), Genre-Mischungen: wohldosierte Fremdheit ist nützlich – aber auch nicht immer leicht zu machen, so dass es sinnvoll sein kann, bei allen theatralen Aktionen im CT Beobachter, Rechercheure aus der Theater-Gruppe spielerisch im engeren Sinne für diese Zwecke freizustellen. Ihre Aufgabe muss genauso trainiert werden, wie jede andere Tätigkeit des CT, und es sollte ein Funktionsrollen-Tausch möglich gemacht werden: Spieler werden zu Zuschauern/Beobachtern – das Zuschauspieler/spect-actors-Modell einmal so zu nutzen (in diesem Kunst-Begriff speCT-aCTor steckt zweimal die hier verwendete Abkürzung für community theatre: CT!) Mitspielmomente sollen, können bewusst eingeplant werden und Teil der offengelegten Inszenierungsprinzipien sein.

Verfahrens(selbst)kritik: Sie kann gespeist sein aus Beobachterberichten, Selbstreflexion, verschiedenen Interventionen, Presseberichterstattung, Publikumsinterventionen. Am besten ist auch hier, szenische Verfahren, exemplarisches Berichten, bildhaftes Beschreiben, auch Zeichnungen und visuelle Belege und sogenannten O(riginal)-Ton zu nutzen sowie eine Trennung von Beschreibung und Bewertung vorzunehmen und Debatte-Formen zu nutzen.

Bewusste Akzentverschiebungen: Szenen und Gegenszenen, Stück und Gegenstück, Rollenwechsel, das ganz Andere, pro und contra, ‚Verlust und Gewinn': das können methodische Akzente sein, derer man sich hier bedient. Wirksamkeitsdialoge (vgl. Projektgruppe WANJA: Handbuch zum Wirksamkeitsdialog in der Offenen Kinder- und Jugendarbeit; Deinet, Szlapka, Witte: Qualität durch Dialog) auch *peer rating*-Verfahren nutzen, Schreibwerkstätten, Briefwechsel untereinander führen: sich und anderen berichten, eine gemeinsame Produktionsberatung vornehmen und szenisch organisieren: was wurde wie wo mit wem und gegen wen gelernt; was wurde zum Glück oder Unglück leider verlernt; wo traten Ermüdungen auf und wo Überraschungen? Die Auswertung von Journalen, Tagebüchern, Zeichnungen, Logbüchern sollte hier geschehen. Sozialwissenschaftliche Auswertungsverfahren der qualitativen Sozialforschung etwa können herangezogen werden. CT sollte Kontakte zu lokalen Medien haben und nutzen, etwa Stadtteilzeitungen, lokale Rundfunk- und Fernsehsender. Neu-Justierung und veränderte Durchführung: Methoden verwenden, die man schon aus den vorangegangenen Phasen, aus der Prozessbegleitung des CT-Projekts kennt, und das networking neu bedenken und planen.

CT hat ja die Absicht der Verstetigung von öffentlicher, politisch-gesellschaftlicher Kommunikation und des Eingreifens, der Nachhaltigkeit, deshalb sollten die oben genannten Funktionsbereiche, -felder, -dimensionen innerhalb der Arbeit berücksichtigt werden – nicht in einem strikten oder schematischen Nacheinander, aber als Strukturierungsangebot, als Nutzen von Aufmerksamkeitsrichtungen, als etwas, was nicht außer Acht gelassen werden darf und was allen Beteiligten als wichtig und handhabbar erscheinen muss, beziehungsweise ihnen leicht zur Verfügung steht. Es sollten Regularien sein, die eine bewegliche Institutionalisierung nebst ihrer selbstverständlichen Korrektur ermöglichen.

Von Theater- und theaterpädagogischer Seite mag zweierlei noch speziell nützlich sein: Anregungen vom (1) Devising Theatre und aus der (2) Lehrstück-Arbeit.

(1) Die Methode des Devising Theatre (vgl. Sting: Devising Theatre, S. 73 f.), also des Theaters, das seine Themen und Formen immer aufs Neue und jeweils angemessen erfinden will, sollte herangezogen werden, weil neue Themen, Neuerungen bedürfen, die mehr sind als Erneuerungen, nicht zuletzt auch neuer Formen, eines neuen Gewandes, in dem etwas erscheint. Sicher, es gilt auch das Umgekehrte: Neues in gewohnter Form zu präsentieren, um Hemmschwellen niedrig zu halten – wobei die Form-/Inhalts-Problematik nicht vergessen werden darf. Generell aber ist wohl wichtig, nicht Theaterformen schlichtweg zu übernehmen, sondern sie zusammen mit sogenannten Gegenständen, Themen, Absichten jeweils mitzuentwickeln. Formen sind nicht nur Tragegefäße für Inhalte, sondern sind selber Aussagen beziehungsweise eine mentale Stimulans. Deshalb kann Kooperation mit sogenannten

professionellen Theatern, also spezielles, ‚formales', künstlerisches *networking* und nicht nur thematisches (etwas in Bezug auf Politik und Gesellschaft), wichtig sein – auch auf die Gefahr hin, sich Störungen einzuhandeln, die manchmal eine thematische, vermeintliche Sicherheit und Geradlinigkeit (die sowieso immer im Prozess zur Beobachtung, Disposition, Neu-Justierung anstehen) tangieren. Zur Beruhigung gesagt: CT ist keine Versicherungsanstalt, sondern nicht zuletzt ein Verunsicherungsunternehmen!

Netzwerk-Arbeit in thematischer Hinsicht ist nötig: einerseits wegen der Möglichkeit einer Präzisierung von Absichten und andererseits als zusätzliches Erfahrungen machen im Kontext anderer Initiativen (Verzahnungen herstellen, Assoziationen bilden, Synergie-Effekte nutzen).

(2) Die von Bertolt Brecht entwickelten Lehrstücke sind gesellschaftspolitische Übungsstücke, die Umgangsweisen, dialektisches Arbeiten, auch wohl Rhetorik, Geschmeidigkeitsübungen, Entscheidungsspiele in künstlerischer, literarischer Weise zur Selbstverständigung arbeitender Kollektive und zur Revitalisierung und Bearbeitung von Erfahrungen bereitstellen (vgl. Koch, Steinweg, Vaßen: Assoziales Theater. Spielversuche mit Lehrstücken und Anstiftung zur Praxis; Steinweg: Lehrstück und Episches Theater). Brecht hat ferner sogenannte Übungsstücke für Schauspieler entwickelt, auch die wären fürs CT zu nutzen (vgl. Koch: Lernen mit Bert Brecht. Bertolt Brechts politisch-kulturelle Pädagogik, S. 326 ff.). Seine Lehrstücke, learning plays, sind gewissermaßen gesellschaftlich grundierte Übungsstücke fürs Theatermachen in politischen Zusammenhängen. Sie haben einen gewissen (paradigmatischen) Abstraktionsgrad gegenüber der Alltäglichkeit, sind aber von Brecht offen konstruiert und können durch Lehrstück-Spielregel-Anwendung dem Selbsttraining von Theaterleuten des CT dienen – in methodischer, inhaltlicher und rhetorischer Hinsicht (vgl. Koch: Politisch-theatrale Animation: Bertolt Brechts Lehrstücke).

Bemerkungen zum offenen Schluss
CT steht methodisch auch in Traditionen des Mitspieltheaters: Es ist Beteiligungsmodell, das Partizipation, kulturelle Dynamisierung, empowerment, Lernen am Erfolg, Selbstkräftigung kennt und nicht Hilfe als Abhängigkeitsverhältnis sondern als Assistenz versteht – oder wie es bei Brecht/Weill in „Aufstieg und Fall der Stadt Mahagonny" am Schluss heißt: „Können euch und uns und niemand helfen" (vgl. Koch: Auf zur Mahagonny-Methode. Lehrhaftes aus dem Lernangebot „Aufstieg und Fall der Stadt Mahagonny", S. 35 ff.; Koch u.a.: „Können uns und euch und niemand

Zum Community Theatre (CT)

helfen". Die Mahagonnysierung der Welt) – Hilfe kommt nicht als Geschenk, sondern wir müssen uns schon selber helfen – wie gut, dass es Theateransätze, die im sozialen Feld agieren, gibt!

CT, das im offenen Feld der gesellschaftlichen Streitlinien agiert, riskiert einiges und wird nicht ein für alle Mal fertig werden, seine Sache zu Ende bringen, da es als

> **Warum ich Kieztheater mache...** ...weil ich Theater spielen will ...weil ich mich politisch engagieren will ...weil hier wohne, einkaufe, tanzen gehe, Freunde treffe, Menschen kennen lerne und glaube, dass man daran arbeiten muss, um das alles weiterhin gerne tun zu können. ...weil - ich gebe es zu - ich eine kleine Rampensau bin... ...weil ich zeigen will, dass das Jede(r) kann! Ich im Kieztheater... ...lerne meine Umgebung plötzlich anders wahrzunehmen, so dass sie auch das Publikum anders wahrnehmen kann.

David

Zeitgenosse agiert und selbst Teil des gesellschaftlich-politischen und ästhetischen Wandels ist, so dass es mitwirkt an den Wert-Stiftungen einer offenen Gesellschaft und dem Handeln in ihr.

Drei Kommentare dazu:

(1)
Bertolt Brecht aus Erfahrungen der politisch-ästhetischen Produktion: „Den Grad der uns möglichen Vervollkommnung haben wir erreicht, bevor wir fertig geworden sind" (Brecht, Berliner und Frankfurter Ausgabe, Band 21, S. 262).

(2)
Horst Rumpf aus dem erziehungswissenschaftlichen Denken: „Der Ansatz beim Szenischen, bei der Arbeit von Subjekten an der Konstitution ihrer Erfahrungswelt kostet mehr Zeit als die Beschränkung auf den puren Inhalt. Das gilt sowohl für die Forschungspraxis als auch und vor allem für die vorgelagerte Erziehungs- und Lernpraxis. Probieren, Umwege, Irrwege bei der Erforschung der neuralgischen Punkte und Phasen von Lernprozessen sind nicht als Zeitverlust zu verbuchen. Politisch begründete Erwägungen ... über qualifiziertes Erwachsenenlernen könnten etwas von dem quantitativ-technischen Charakter verlieren ..." (Rumpf: Worauf zu achten wäre – Aufmerksamkeitsrichtungen für die Friedenserziehung, S. 165).

(3)
Harald Welzer aus (s)einer politisch-psychologischen Sichtweise: „Im Zeitalter von dichter Kommunikation braucht politische Teilhabe keineswegs am Zyklus der Wahlen orientiert zu bleiben, es lassen sich neue Formen außerparlamentarischer Debatten und Demokratie entwickeln. Die Erhöhung der Kommunikation und Teilhabechancen erhöht automatisch auch die Identifikation der Bürgerinnen und Bürger mit der Gesellschaft, die sie bilden, und somit die Chancen für bürgerschaftliches Engagement ... Das Konzept einer guten Gesellschaft favorisiert nicht Verzicht, sondern Teilhabe und Engagement ..., und eine Gesellschaft, die größere Teilhabe und

höheres Engagement erlaubt, ist besser in der Lage, die dringenden Probleme zu lösen, als eine, die ihre Mitglieder gleichgültig lässt." (Harald Welzer: Der Klimawandel als kultureller Wandel, am 15. 6. 2008 im Deutschlandfunk)

Literatur

Bräuer, Gerd: Schreiben als reflexive Praxis. Tagebuch, Arbeitsjournal, Portofolio. Freiburg i. B. 2000.

Bräuer, Gerd: Schreibend lernen. Innsbruck, Wien 1990.

Brecht, Bertolt: Berliner und Frankfurter Ausgabe, Band 21.

Brumlik, Micha: Kritik des Zionismus. Hamburg 2007.

Cronin, Bernadette u.a. (Hrsg.): Training Manual for Theatre Work in Social Fields. Frankfurt am Main 2005.

Czertok, Horacio: Teatro Nucleo. Expeditionen zur Utopie. Frankfurt am Main 2002.

Deinet, Ulrich; Szlapka, Marco; Witte, Wolfgang: Qualität durch Dialog. Wiesbaden 2008.

Hahn, Harald: Freie Radios als Ort der aktiven Jugend-Medienarbeit. Stuttgart 1999.

Henrich, Dieter: Marx als Schüler Hegels. In: Ders.: Hegel im Kontext. Frankfurt am Main 1971.

Hoffmann, Klaus u.a. (Hrsg.): Theater über Leben. Entwicklungsbezogene Theaterarbeit/Theatre of Relevance. Theatre Work Focussing Development. Berlin, Milow, Strasburg 2006.

Koch, Gerd u.a. (Hrsg.): „Können uns und euch und niemand helfen". Die Mahagonnysierung der Welt. Frankfurt am Main 2006.

Koch, Gerd: Politisch-theatrale Animation: Bertolt Brechts Lehrstücke. In: Horst W. Opaschowski: Methoden der Animation. Praxisbeispiele. Bad Heilbrunn 1981.

Koch, Gerd; Steinweg, Reiner; Vaßen, Florian (Hrsg.): Assoziales Theater. Spielversuche mit Lehrstücken und Anstiftung zur Praxis. Köln 1984.

Koch, Gerd: Lernen mit Bert Brecht. Bertolt Brechts politisch-kulturelle Pädagogik. Frankfurt am Main 1988, erw. Neuauflage.

Koch, Gerd u.a.: Theatralisierung von Lehr-Lernprozessen. Berlin, Milow 1995.

Koch, Gerd: Theater-Spiel als szenische Sozialforschung. In: Jürgen Belgrad: TheaterSpiel. Hohengehren 1997.

Koch, Gerd: Die Methode „Zukunftswerkstatt" in der Sozialpädagogik. Berlin, Milow 1999, 2. Aufl.

Koch, Gerd u.a. (Hrsg.): Theaterarbeit in sozialen Feldern. Theatre Work in Social Fields. Frankfurt am Main 2004.

Koch, Gerd; Schmidt, Birger; Weßeling, Stephan: ErzählCafés. In: Reiner Steinweg (Hrsg.) unter Mitarbeit von Gerd Koch: Erzählen, was ich nicht weiß. Berlin, Milow, Strasburg 2006.

Koch, Gerd: Auf zur Mahagonny-Methode. Lehrhaftes aus dem Lernangebot „Aufstieg und Fall der Stadt Mahagonny". In: Francesca Vidal (Hrsg.): Träume von besserer Bildung. Mössingen-Talheim 2007.

Koch, Gerd; Naumann, Gabriela; Vaßen, Florian (Hrsg.): Ohne Körper geht nichts. Berlin, Milow, Strasburg 2008, 2. Aufl.

Kritik des Ethnonationalismus (Hannoversche Schriften 2). Frankfurt am Main 2000.

Mouffe, Chantal: Über das Politische. Wider die kosmopolitische Illusion. Frankfurt am Main 2007.

Projektgruppe WANJA (Hrsg.): Handbuch zum Wirksamkeitsdialog in der Offenen Kinder- und Jugendarbeit. Qualität sichern, entwickeln und verhandeln. Münster 2000.

Rumpf, Horst: Worauf zu achten wäre – Aufmerksamkeitsrichtungen für die Friedenserziehung. In: Reiner Steinweg: Friedensanalysen. Für Theorie und Praxis 10. Schwerpunkt: Bildungsarbeit. Frankfurt am Main 1979.

Steinweg, Reiner: Lehrstück und Episches Theater. Frankfurt am Main 2005, 2. Aufl.

Sting, Wolfgang: Devising Theatre. In: Gerd Koch, Marianne Streisand (Hrsg.): Wörterbuch der Theaterpädagogik. Berlin, Milow, Strasburg 2003.

Sting, Wolfgang: Projekt. In: Gerd Koch, Marianne Streisand (Hrsg.): Wörterbuch der Theaterpädagogik. Berlin, Milow, Strasburg 2003.

Welzer, Harald: Der Klimawandel als kultureller Wandel, Essay am 15. 6. 2008 im Deutschlandfunk.

Wrentschur, Michael: Szenisches Forschen – Zwischen Erfahrungs-, Wahrnehmungs- und Handlungsbezug. In: H. Stigler/H. Reicher (Hrsg.): Praxisbuch Empirische Sozialforschung in den Erziehungs- und Bildungswissenschaften. Innsbruck, Wien, Bozen 2005.

Kommunikation ist (nicht) alles – kommunikatives Handeln in der Gemeinwesenarbeit

Günter Rausch

„Kommunikation ist alles" lautet seit Jahren die zentrale Werbebotschaft eines großen, international agierenden Telekommunikationsunternehmens. Ganze Berufsgruppen leben von der Annahme, dass sich vermittels Kommunikation alles oder doch zumindest vieles erreichen, beziehungsweise verhindern lasse. Die Kommunikationsbranchen boomen und längst gibt es zum Beispiel in Baden-Württemberg eine „Landesanstalt für Kommunikation", in der Schweiz gar ein „Bundesamt für Kommunikation" sowie ein „Museum für Kommunikation". Dabei fand das Wort Kommunikation erst Anfang der 1970er Jahre Eingang in den deutschen sozialwissenschaftlichen Sprachgebrauch. Watzlawick schrieb noch 1967 im Vorwort zu „Menschliche Kommunikation. Formen, Störungen, Paradoxien", der Begriff Kommunikation sei „im Deutschen ungewohnt".

Watzlawick zum Trotz gab es nach Merten bereits im Jahr 1977 über 160 verschiedene wissenschaftliche Definitionen. Je nach Verwendungsort und -zweck wurde dieser Begriff zu einer vieldeutigen Metapher, die unterschiedlich gedacht und interpretiert wird. Ursprünglich bedeutete das Wort „Kommunikation" im Lateinischen (lat. communicare) soviel wie „teilen, mitteilen, teilnehmen lassen; gemeinsam machen, vereinigen". Und der schier unvermeidbare Klick zu „Wikipedia" bringt folgendes Begriffsangebot: „Unter Kommunikation wird auch das wechselseitige Übermitteln von Daten oder von Signalen verstanden, die für den Beobachter der Kommunikation eine festgelegte Bedeutung haben." Letztlich gäbe es keine allgemein gültige und anerkannte Definition dieses Begriffes.

Frindte versteht unter Kommunikation „vor allem das, was Menschen alltäglich tun: in Beziehung treten, Verbindungen schaffen, miteinander umgehen, sich verständigen". Diese alltäglichen Erfahrungen prägten wesentlich unsere Vorstellungen von Kommunikation, die sich immer in sozialer Wechselseitigkeit vollzöge. Von hier aus verweist Frindte darauf, dass die Menschen in diesem sozialen Prozess sich wechselseitig anregen, Vorstellungen, Bilder oder Konstruktionen über ihre Wirklichkeit zu produzieren. Folglich ist für Frindte Kommunikation „ein sozialer Prozess, in dessen Verlauf sich die beteiligten Personen wechselseitig zur Konstruktion von Wirklichkeit anregen." Zunächst sollen die bislang grob umrissenen Deutungen und begrifflichen Annäherungen für den Kontext der Gemeinwesenarbeit genügen. Was aber ist „Gemeinwesenarbeit"? In der Sozialen Arbeit wird „Gemeinwesenarbeit" traditionell aus dem US-amerikanischen „Community work" abgeleitet. In den USA wurde dieser Begriff seit 1912 in den Kanon der jungen Sozialarbeitsprofession aufgenommen. „Community work" wurde vor allem im Rahmen der zahlreichen Förderprogramme zur Bewältigung der wirtschaftlichen Depression eingesetzt. Immer ging es um die Verbesserung der Lebensverhältnisse von BewohnerInnen eines bestimmten Raumes unter maßgeblich aktiver Beteiligung der Betroffenen sowie um die professionelle Koordination der jeweiligen Aktionen und Maßnahmen.

In Deutschland gewann „Community work" erst nach dem zweiten Weltkrieg seine heutige Bedeutung. Herta Kraus, eine deutsche Emigrantin, unterstützte nach 1945 im Auftrag des Dachverbandes der amerikanischen Quäker den sozialen Neuaufbau Deutschlands. Kraus empfahl „Community organization" als Aufgabe wie als Methode, die weit über das Anwendungsgebiet der Sozialen Arbeit hinausginge, „aber Sozialarbeit ohne Community organization wäre kaum denkbar. Letzten Endes handelt es sich um ein Stück Lebensäußerung der Mitbürger eines ganzen Volkes, die das Recht haben und nutzen, an allen Aufgaben der Gemeinschaft in freiwillig gewählter Verantwortung aktiv mitzutun". Herta Kraus übersetzte die amerikanische Bezeichnung „community work for social welfare" mit „Gemeinschaftsarbeit für das Gemeinwohl". An anderer Stelle verwendet sie für „community organization" das deutsche Wort Gemeinschaftshilfe. Die vielfältigen Versuche, einen passenden deutschen Begriff zu verwenden, können hier nicht dargelegt werden. Mit „Gemeinwesenarbeit" schien schließlich eine Kompromissformel gefunden zu sein, die sowohl territoriale, politische und soziale Elemente als auch den personalen und menschlichen Faktor einschließt.

Im Kern geht es bei den heutigen Ansätzen der Gemeinwesenarbeit stets um die alltagsorientierte gemeinschaftliche Gestaltung von Lebensräumen und -vollzügen: den Sozialraumbezug, die aktive Einbeziehung möglichst vieler unmittelbar oder potenziell Betroffener und die Entfaltung und Vernetzung lokaler Ressourcen. Der Fokus richtet sich dabei nicht nur auf einzelne Menschen oder Gruppen sowie auf deren Beziehungen untereinander, sondern auch auf das relevante Umfeld und die strukturellen Faktoren. Insbesondere werden die wechselseitigen Verflechtungen von Wohnung, Wohnumfeld, Wohnquartier, Verkehr, Infrastruktur, soziale Netze, Schule, Bildung, Religion oder Politik – in Bezug auf die dort agierenden Menschen – mit einbezogen. Der Autor regte wiederholt als Arbeitsdefinition an, Gemeinwesenarbeit zu verstehen als „dynamischen Lernprozess, in dem Menschen durch gemeinschaftliches Handeln ihre Lebensverhältnisse so zu gestalten versuchen, dass ihnen die Alltagsbewältigung gelingt, sie für ihre Bedürfnisse und Interessen eintreten und zugleich nachhaltige Strukturen sozialen und demokratischen Miteinanders entstehen."

Bei einer solchermaßen verstandenen Gemeinwesenarbeit liegt es nahe, dass Kommunikation im oben genannten Sinne eine wichtige Rolle spielt. Auch die ursprüngliche lateinische Bedeutung von „communicatio" meinte: Mitteilung, Unterredung Verständigung untereinander; zwischenmenschlicher Verkehr besonders mit Hilfe von Sprache, Zeichen", während das zitierte „communicare", das aktive Tun, nämlich „teilen, mitteilen, teilnehmen lassen; gemeinsam machen, vereinigen" bedeutete. Es geht um die Verständigung miteinander und untereinander und um die Herstellung gemeinsamer Handlungsstrukturen. Landauf, landab arbeiten viele Gemeinwesenarbeitsteams oder -institutionen in solchen Zusammenhängen. Da werden Anlässe gesucht oder wahrgenommen, um Menschen zusammenzubringen oder Kontrahenten zumindest zum Austausch von Sichtweisen an einen Tisch zu bewegen. Oder es werden Partizipationsmöglichkeiten gesucht, beziehungsweise inszeniert, um auch solchen Leuten die Chance zur Teilhabe zu bieten, die ansonsten von der Mitwirkung ausgeschlossen sind. Teilhabe oder Inklusion gehören ebenso zum topaktuellen Begriffsrepertoire des Sozialarbeitsdiskurses wie die Verständigung oder Unterredung. Auch das „wechselseitige Übermitteln von Daten oder von Signalen" gehört ins alltägliche Geschäft. Schwierigkeiten fangen augenscheinlich dort an, wo Kommunikation zugleich impliziert, dass die Symbole etc. für die Beobachter der Kommunikation eine gleichermaßen verständliche und akzeptierte Bedeutung haben. Denn die traditionellen und geläufigsten Kommunikationsmodelle gingen allesamt von dem schlichten Sender-Empfänger-Modell von Shannon und Weaver (1949) aus, die einen festen Kanal (Weg und Medium für das Versenden einer Botschaft vom Sender zum Empfänger) zugrunde legen, in dem klare Zeichen versandt und Sinn-entsprechend empfangen werden. Letztlich war es zunächst eine mehr oder weniger technische Frage, wie die Zeichen möglichst schnell und verständlich transportiert werden konnten (Containermodell). Die Tücken dieses Modells sind augenfällig: Problematisch war nicht nur die Beschreibung der korrekten syntaktischen Übertragung, beziehungsweise der elektronisch verschlüsselten Aussagen. Es lag auch auf der Hand, dass die Bedeutungen, die der Sender einer Botschaft dieser zu Grunde legte, längst nicht allen möglichen Empfängern gleichermaßen verständlich, beziehungsweise zugänglich war. Watzlawicks berühmte Erzählung vom „Mann mit dem Hammer" karikierte dieses Problem auf originelle Art und Weise.

Der gewöhnliche Alltag gerade in den großen Städten unserer Tage zeigt vielmals, dass soziale Probleme, wie beispielsweise die allenthalben anzutreffenden „Vermüllungs- und Versiffungssyndrome", keineswegs durch noch so aufwändige Informationsarbeit im obigen Sinne bewältigt werden. Die Probleme scheinen tiefer zu liegen und Abhilfe lässt sich in der Regel nicht auf dem Wege der einfachen Sender-Empfänger-Modelle erzielen. Unterschiedliche Deutungs- und Erklärungsversuche sind im sozialwissenschaftlichen Diskurs bemüht worden, die hier nicht alle ausgeführt werden können. Seit den 80er-Jahren wird allseits die so genannte „Lebensweltorientierung" als Erfolg versprechender Schlüssel verstanden, der geeignet sein könnte, hinter die schier undurchdringliche Nebelwand der „Kommunikationsprobleme" zu gelangen.

Nun wäre es gar zu schön, wenn ausgerechnet der Lebensweltbegriff einheitlich verstanden und eingesetzt würde. Der Philosoph Husserl soll den Terminus „Lebenswelt" in den Jahren 1924–1926 für die Wissenschaft geprägt haben, wenngleich er und andere ihn schon Jahre zuvor gebrauchten. Er verknüpfte die Begriffe „Welt" und „Leben". Während die „Welt" schon immer Gegenstand der Philosophie war, wurde der Begriff des „Lebens" dort erst im 19. Jahrhundert zur Anwendung gebracht

(Kierkegaard, Nietzsche, Schopenhauer u.a.). Das Anschauliche gegenüber dem begrifflichen Denken besonders betonend, verbindet Husserl den Begriff des Lebens mit dem Begriff der Welt. „Das natürliche Leben charakterisiert sich nun als naiv geradehin in die Welt Hineinleben, in die Welt, die als universaler Horizont immerfort in gewisser Weise bewusst da ist, aber dabei nicht thematisch ist." Demnach erlebt der Mensch auf dem Boden der natürlichen Einstellung den Welthorizont, ohne ihn zu thematisieren. Wir haben es also bereits hier mit zweierlei Perspektiven zu tun: die des Erlebens und die der Reflexion, wobei Husserl davon ausgeht, dass sowohl die alltägliche Erfahrung als auch die philosophische Reflexion sich auf dem Boden der Lebenswelt abspielen. Das Selbstverständliche soll anschaubar sein. Doch um diese Lebenswelt, als Universum des Selbstverständlichen zu thematisieren, bedarf es erst der philosophischen Reflexion. Waldenfels hat dies trefflich beschrieben als einen Gang weg von der Welt der Wissenschaft hin zur Welt des Alltags, und damit auch als einen Weg in die Richtung der „wahren" Welt. Das Alltagswissen beinhaltet somit – wenn auch nur schemenhaft – bereits alle tieferen Erkenntnisse der Vernunft (vgl. Waldenfels B., 1985: 42 f.).

Das phänomenologische Verständnis von Lebenswelt soll hier nicht weiter vertieft werden. Aber dessen Kerngedanke, nämlich dass die lebensweltliche Selbstverständlichkeit erst thematisiert werden könne, wenn sie verlassen wird, könnte durchaus als theoretischer Impuls zur Kultur- und Gemeinwesenarbeit im Stadtteil verstanden werden. Wenn es bei Husserl des Aktes der phänomenologischen Reduktion bedarf, der „ein entschlossener Widerstand gegen die Macht der Selbstverständlichkeit" ist, könnte dies durchaus auch als Aufforderung zur Reflexion, oder auch zur Irritation des Selbstverständlichen verstanden werden.

Für die Theorie und Praxis der Gemeinwesenarbeit ist der Husserl'sche Ansatz der Lebensweltorientierung, bei dem es vor allem darum geht, die Konstitution von Welt und Sinn im intentionalen Bewusstsein herauszufinden und zu benennen, wenig hilfreich. Denn hier findet Alltagshandeln weniger in den Schichten des Bewusstseins statt als in der harten Realität des gesellschaftlichen Lebens. Weitaus mehr Anregung für den Kontext von Kommunikation und Gemeinwesenarbeit verspricht das Habermas'sche Verständnis von Lebenswelt zumal er dieses in seinem Grundlagenwerk, „Theorie kommunikativen Handelns", auch noch explizit in einen handlungsrelevanten Zusammenhang stellt. Habermas reflektiert in einem gesellschaftskritischen Modell, „wie die Lebenswelt als der Horizont, in dem sich die kommunikativ Handelnden ‚immer schon' bewegen, ihrerseits durch den Strukturwandel der Gesellschaft im ganzen begrenzt und verändert wird." (Habermas J., Bd. I, 1981: 182). Für ihn ist

Lebenswelt ein Komplementärbegriff zum kommunikativen Handeln. Lebenswelt wird in der Handlungssituation als stets präsenter Hintergrund und nicht hintergehbarer Horizont gesehen. Habermas setzt zunächst Lebenswelt in Bezug zu kommunikativem Handeln, wobei er unter Handeln das Bewältigen von Situationen versteht, die wiederum als ein Ausschnitt aus lebensweltlichen Verweisungszusammenhängen, der sich durch Themen, Handlungsziele und -pläne darstellt, verstanden werden (vgl. Habermas J., 1981: 187). Aus der Perspektive des Kommunikationsteilnehmers erscheint dabei die Lebenswelt stets als Kontext bildender Horizont, der einerseits begrenzt ist und sich andererseits, je nach räumlicher oder zeitlicher Entfernung, ändert. Er ist abhängig vom Standort des Teilnehmers. Zugleich ist er ständig als Hintergrund präsent. Im Unterschied zu Husserl sieht Habermas den Horizont jedoch als Korrelat kommunikativer Akte und nicht als Korrelat intentionaler Bewusstseinsakte. Die Interaktionsteilnehmer unterstellen stillschweigend ihre jeweilige Lebenswelt als gemeinsame Plattform. In ihrer Perspektive ist sie unhinterfragter Orientierungskontext. Für den Beobachter dagegen fungiert sie als Hilfsquelle zum Verstehen und Interpretieren der Handelnden.

Die Selbstverständlichkeit, mit der der Mensch in seiner „natürlichen Lebenseinstellung" sich im Alltag bewegt, gründet sich zum einen auf den gewohnten Kontext zum anderen auf die Gewissheit, auf einen „kulturell überlieferten und sprachlich organisierten Vorrat an Deutungsmustern" (Habermas J., 1981: 189) zurückgreifen zu können. Für Habermas ist dieser Hintergrund der Selbstverständlichkeiten wesentlich durch die Sprache und die Kultur gegeben. Die Lebenswelt, über die nicht mehr geredet oder nachgedacht werden muss, ist deshalb für die Verständigung konstitutiv. Sie ist der Ort, von dem aus Verständigung entstehen kann. Die Interaktionsteilnehmer unterhalten sich oder diskutieren miteinander in der Gewissheit, dass der andere ihn/sie aufgrund einer intersubjektiv geteilten Lebenswelt verstehen wird. Diese Grenzen der Lebenswelt sind unhintergehbar und können nicht willentlich verändert werden. Habermas spricht von einem „zugleich totalen und unbestimmten, den porösen und gleichwohl eingrenzenden Charakter der Lebenswelt" (Habermas J., 1981: 198). Jede Wahrnehmung findet im Rahmen eines bereits Vorverstandenen statt.

Kultur und Sprache fungieren dabei als der Kontext, in dem sich kommunikative Prozesse abspielen. Sie stellen aber auch die Mittel bereit, um die Kommunikationsprozesse überhaupt führen zu können. Auf diese Weise dienen sie als Ressource. Besondere Bedeutung erlangen dabei Erzählungen, da die Menschen im Alltag aus der objektiven Welt den Bereich der erzählbaren Ereignisse ausgrenzen, der sich im

Kontext ihrer Lebenswelt abspielt. Davon erzählen sie sich. Diesen narrativen Darstellungen liegt „ein Laienkonzept der ‚Welt' im Sinne der Alltags- oder Lebenswelt zugrunde, das die Gesamtheit der Sachverhalte definiert, die in wahren Geschichten wiedergegeben werden können." (Habermas J., 1981: 206)

Den Geschichten, wie überhaupt der Sprache, schenkt Habermas besondere Aufmerksamkeit, indem er auf deren identitätsbildende Funktion verweist. Danach objektivieren die Personen über ihre Erzählpraxis auch ihre Zugehörigkeit zur Lebenswelt. Indem wir etwas über unsere Lebensgeschichte und über die Personen, Gruppen und Ereignisse erzählen, in denen wir verstrickt sind, entwickeln wir zugleich unsere persönliche und soziale Identität. Habermas lehnt sich dabei an Hannah Arendt an, der zufolge Identität entsteht, indem Personen sich gegenseitig über ihr Handeln Geschichten erzählen, die dann jeweils als die eigene erkannt werden (Arendt H.,

Ich bin immer wieder überrascht, wie Theater eben auch sein kann. Wenn eine Gruppe von Menschen mit so vielen verschiedenen Vorstellungen am Ende eine mehr oder weniger gemeinsame Idee in den Raum stellt, die wiederum relativ offen und anknüpfungsfähig für die Ideen derer ist, die sich bei einer Aufführung als Zuschauende damit auseinander setzen. So wird Theater zur Kommunikation, nichts steht fest, alles ist möglich, wenn es denn zur Sprache kommt und wenn es jemand hört.

Sarah

1981: 174). Ohne diese narrativen Darstellungen können aber auch Gemeinschaften keine Identität bilden: „Die Kollektive erhalten ihre Identität nur in dem Maße, wie sich die Vorstellungen, die sich die Angehörigen von ihrer Lebenswelt machen, hinreichend überlappen und zu unproblematischen Hintergrundüberzeugungen verdichten" (Habermas J., 1981: 206). Aus der Analyse der Erzählungen lassen sich die Zustände und Ereignisse, die in der Lebenswelt auftreten, aufgegriffen und beschrieben werden, interpretieren und verstehen. Dies gilt auch für die Art und Weise, wie die Interaktionen von Gruppenangehörigen in ihrer räumlichen und zeitlichen Dimension zu Einheiten vernetzt werden. In diesen Erzählungen spiegelt sich nicht zuletzt wider, wie die Bewältigung von Alltagsereignissen von den Beteiligten dargestellt wird. Für theoretische Zwecke sind diese narrativen Darstellungen freilich noch nicht brauchbar. Sie müssen dafür „erst zugerichtet werden" (Habermas J., 1981: 208).

Auch hier ist der Bezug zur Kultur- und Gemeinwesenarbeit gerade im Quartierskontext augenscheinlich, zumal diese Reproduktion durch kommunikatives Handeln auf drei verschiedenen Ebenen geschieht: Durch die Überlieferung und Fortschreibung von Traditionen und kulturellem Wissen auf dem Wege der Verständigung und der kulturellen Reproduktion; durch die Herstellung von gesellschaftlicher Solidarität entstehen soziale Räume und schließlich erlangen Individuen über die Lebenswelt den gesellschaftlich erforderlichen Wissensvorrat und ihre personale Identität. Unter Kultur wird ein gemeinschaftlicher Wissensvorrat an Interpretationen verstanden. Gesellschaft meint die legitimen Normen, über welche die Zugehörigkeit zu sozialen Gruppen geregelt und damit Solidarität gesichert wird. Unter Persönlichkeit versteht Habermas jene Kompetenzen, die ein Subjekt sprach- und handlungsfähig machen, damit sie an Verständigungsprozessen teilnehmen und dabei die eigene Identität entwickeln können. Dabei bilden das semantische Feld symbolischer Gehalte, der soziale Raum und die historische Zeit jene Dimensionen, innerhalb derer sich die kommunikativ Handelnden bewegen (vgl. Habermas J., 1981: 208).

Im Theoriegebilde von Habermas wird geradezu axiomatisch von einer grundlegenden Intersubjektivität ausgegangen, die immer auch eine kommunikative Praxis impliziert. Im Gespräch nehmen sich die Interaktionspartner gegenseitig ernst, begegnen sich auf gleicher Augenhöhe und betrachten sich gleichermaßen als zurechnungsfähig. Der Lebensweltbegriff ist von daher bei Habermas von einer elementaren Gemeinschaftlichkeit gekennzeichnet. Dabei wird Lebenswelt keineswegs als ‚Schonraum' oder ‚heile Welt' betrachtet. Vielmehr stellt sie zwar den Horizont dar, innerhalb dessen die Menschen in selbstgewisser Vertrautheit handeln, sie wird aber durch gesellschaftliche Strukturen und deren Wandel begrenzt und beeinflusst.

Indem Habermas Gesellschaft zweistufig als System und als Lebenswelt konzeptualisiert, schafft er die Verbindung der Binnenperspektive der Handelnden mit der Systemperspektive funktionaler Zusammenhänge. Gesellschaft definiert er als „systemisch stabilisierte Handlungszusammenhänge sozial integrierter Gruppen" (Habermas J., 1981: 228). Diese wird „aus der Teilnehmerperspektive handelnder Subjekte als Lebenswelt einer sozialen Gruppe" definiert, zugleich kann sie aber aus der Beobachterperspektive eines Unbeteiligten „nur als ein System von Handlungen begriffen werden", deren Zusammenhang über die „funktionale Vernetzung von Handlungsfolgen" stabilisiert wird (vgl. Habermas J., 1981: 179). Er hat deshalb vorgeschlagen, Gesellschaften „gleichzeitig als System und als Lebenswelt zu konzipieren" (Habermas J., 1981: 180). Indem Habermas den Lebensweltbegriff vom Systembegriff unterscheidet, gelingt ihm auch ein analytisches Modell gesellschaftlicher Deformationsprozesse. In seinem Modell entwickelten sich im Laufe der sozialen Evolution System und Lebenswelt immer weiter auseinander, wobei die Lebenswelt mehr und mehr zu einem Subsystem neben anderen herabgesetzt wurde. Die systemischen Mechanismen lösten sich kontinuierlich von den sozialen Strukturen ab, die die soziale Integration gewährleisten, nämlich von den kommunikativ geltenden Normen und Werten. Im Prozess der gesellschaftlichen Ausdifferenzierung entstanden einerseits auf der Basis verständigungsorientierten Handelns eine private und öffentliche Sphäre, andererseits aber auch ausdifferenzierte Subsysteme wie Ökonomie und Verwaltung, deren Handlungskoordination zweckrational über Medien wie Geld und Macht erfolgt. Neben der Abkoppelung der Lebenswelt von den komplexer werdenden, formal organisierten Systemen erfolgte zugleich auch eine zunehmende Abhängigkeit der Lebenswelt vom System. Eine vollständige Entkoppelung ist jedoch weder in die eine noch in die andere Richtung möglich.

Als Ergebnis der theoriegeschichtlich geleiteten Habermasschen Untersuchungen stehen Konstrukte, die das Eindringen systemischer Mechanismen in die Lebenswelt beschreiben. Die Eskalation dieser Prozesse beschreibt Habermas schließlich mit der Metapher „Kolonialisierung von Lebenswelt", die in den Sozialwissenschaften eine außergewöhnliche Karriere gemacht hat. Ausgehend von archaischen Stammesformationen zeichnet er in einem Gang durch die Sozialgeschichte das Eindringen und Ausbreiten von Geld und Macht, mit allen ihren Verzweigungen, in die Lebenswelt nach. In den entwickelten Gesellschaften der Moderne erscheinen sie als versachlichter Lebenszusammenhang. Die Verständigungsmechanismen der normativ geregelten Alltagskommunikation werden im Wege der Institutionalisierung einerseits durch Recht und Moral verdrängt, andererseits über institutionalisierte Konfliktregelungen gesteuert, so dass die soziale Integration der Lebenswelt nicht zerfällt (vgl. Habermas J., 1981: 259). In diesem Prozess des Eindringens der Systemmedien Macht und Geld in die, auf Sprache angewiesene, verständigungsorientierte Lebenswelt kommt es zu Krisenerscheinungen, die sich schließlich auch im Rahmen der Sozialen Arbeit und Gemeinwesenarbeit wieder finden: Im Bereich der kulturellen Reproduktion treten diese Irritationen und Beeinträchtigungen als Sinnverlust, Legitimationsentzug oder Orientierungskrisen auf. Störungen der sozialen Integration zeigen sich in Form von Verunsicherungen der sozialen Identität und Anomien mit den entsprechenden Konflikten, die deutlich machen, dass die handelnden Personen mit der legitim geregelten sozialen Ordnung nicht mehr übereinkommen, beziehungsweise, dass die Ressourcen der Solidarität verknappt sind. Auf der Ebene der Sozialisation treten sie als Psychopathologien und Entfremdungserscheinungen auf, die Störungen im Persönlichkeitsbereich anzeigen. Die Fähigkeiten, intersubjektiv Handlungssituationen zu definieren und auszuhandeln, sind dann nicht mehr ausreichend, um die Ressource der ‚Ich-Stärke' zu entfalten (vgl. Habermas J., 1981: 213 f.).

Dieses Eindringen des Systems in die Lebenswelt, mit all seinen Wirkungen, stellt sich Habermas als sehr subtile, für das Alltagsbewusstsein unmerkliche, Prozesse vor. Sie vollziehen sich an und mit den Strukturen der Lebenswelt und benützen sie parasitär, ohne sie strukturell zu verändern. Verborgen schleichen sich systemische Zwänge in die Lebenswelt ein und bemächtigen sich seiner Möglichkeiten: „Reproduktionszwänge, die eine Lebenswelt instrumentalisieren, ohne den Schein der Autarkie der Lebenswelt zu beeinträchtigen, müssen sich gleichsam in den Poren des kommunikativen Handelns verstecken. Daraus entsteht eine strukturelle Gewalt, die sich, ohne als solche manifest zu werden, der Form der Intersubjektivität möglicher Verständigung bemächtigt." (Habermas J., 1981: 278).

Daneben kommt es zu einer Ausdifferenzierung der Wertsphären Wissenschaft, Moral und Kunst, die zunehmend als Angelegenheit von Fachleuten institutionalisiert werden. In der Folge entwickeln sich professionelle Expertenkulturen, deren kulturelle Erträge nicht mehr ohne weiteres in den Besitz der Alltagspraxis gelangen können. Die Kluft zwischen Experten- und Alltagswelt wird immer größer und die Traditionssubstanz der entwerteten Lebenswelt beginnt mehr und mehr zu verarmen (vgl. Habermas J., 1981: 481 f.).

In der sozialwissenschaftlichen Fachdiskussion wurde diesem Habermas'schen Kolonisierungstheorem, insbesondere in Bezug auf Wissenschaft und Expertenhandeln, große Aufmerksamkeit geschenkt. Betrifft es doch zum Beispiel die Stadtteilarbeit in mehrfacher Hinsicht: Erstens bietet Habermas mit seinem „Kolonialisierungstheorem" ein soziologisches Theoriemodell für die Entstehung von Störungen in der Lebenswelt, wie Anomien oder Psychopathologien, an. Mit seiner Explikation der intersubjektiven Genese lebensweltlicher Strukturen und Formen verweist er auf die Bedeutung gemeinsamen Handelns und gemeinschaftlicher Organisation. Zweitens bringt er die Soziale Arbeit in einen Legitimationszwang, was die eigene Position im Spannungsfeld zwischen Lebenswelt und System angeht. In der Diskussion, um das so genannte „doppelte Mandat" findet sich diese Dichotomie wieder. Auch in der immer wieder neu geführten Professionalisierungsdebatte stehen die skizzierten Ambivalenzen und Widersprüchlichkeiten im Blickpunkt. Drittens skizziert er Perspektiven für eine emanzipatorische Handlungsorientierung. Wesentlich ist dabei sein Hinweis auf die Binnenperspektive der Lebenswelt, die sich nicht von Außen erschließen lässt. „Sie binden die sozialwissenschaftliche Analyse an die Binnenperspektive von Angehörigen sozialer Gruppen und verpflichten sie dazu, das eigene Verständnis hermeneutisch an das Verständnis der Teilnehmer anzuschließen." (Habermas J., 1981: 226).

Habermas unterscheidet zwischen zweierlei Weisen des Handelns: kommunikatives und strategisches Handeln. Von zweckrationalem oder strategischem Handeln wird immer dann gesprochen, wenn Akteure ihr Handeln am eigenen Erfolg ausrichten. Kommunikatives Handeln dagegen zielt auf gegenseitige Verständigung. Im strategischen Handeln sind die Motive egoistischer Natur, während kommunikatives Handeln sich am wechselseitigen Nutzen ausrichtet. Im kommunikativen Handeln steht nicht der eigene Erfolg im Vordergrund, sondern das Bemühen, die jeweiligen individuellen Ziele miteinander abzustimmen (vgl. Habermas J., 1983, Bd. II: 385). Grundlage des kommunikativen Handelns sind gemeinsam ausgehandelte Situationsdefinitionen. Von hier ausgehend führen die Beteiligten ihre Pläne im Einvernehmen durch. Voraussetzung dieser Gemeinsamkeit ist freilich die gegenseitige Anerkennung der Gleichwertigkeit und der Verzicht auf einseitige Vorteile. Eine solche verständigungsorientierte Gemeinsamkeit ist herrschaftsfrei konzipiert. Die Normen des Zusammenlebens werden auf dem Wege der Verständigung ausgehandelt. Stets präsenter Hintergrund der Kommunikation ist die Lebenswelt der jeweiligen Kommunikationsteilnehmer. Lebenswelt und kommunikatives Handeln bedingen sich gegenseitig. Die Lebenswelt ist, wie bereits ausgeführt, die Ressource, aus der sich die Beteiligten mit kulturellem Wissen, Deutungsmustern und Werten versorgen, während das kommunikative Handeln die Bedingungen für die Reproduktion symbolischer Strukturen der Lebenswelt schafft. Aus funktionaler Sicht dient kommunikatives Handeln der Tradition und der Erneuerung kulturellen Wissens; unter dem Aspekt der Handlungskoordination fungiert es zur Herstellung der sozialen Integration und der Solidarität und schließlich fördert es, unter dem Aspekt der Sozialisation, die Herausbildung von personalen Identitäten (vgl. Habermas J., Bd. II, 1983: 208).

Während das kommunikative Handeln auf gemeinsame Definitionen der Situation, also auf der Basis eines gemeinschaftlich geführten Prozesses der Verständigung beruht, erfolgt im strategischen Handeln lediglich ein Abgleich unterschiedlicher Interessen. Die grundlegenden Besonderheiten finden sich also im Bereich der Einstellungen und Intentionen der Beteiligten. Verständigung geschieht im Wesentlichen über Sprechakte, auf dem Wege des Argumentierens. Kommunikatives Handeln und Verständigung können allerdings nur dann gelingen, wenn die Voraussetzungen dafür gegeben sind. Die Grundkonstellation ist das Habermas'sche Konstrukt einer „idealen Sprechsituation", die an folgende Bedingungen geknüpft ist: Zum ersten haben alle Beteiligten die gleichen Möglichkeiten, einen Diskurs zu eröffnen und fortzusetzen. Es steht jedem frei, auf den anderen zuzugehen. Zum zweiten besteht Chancengleichheit in der Auseinandersetzung. Jeder kann seine Argumente, Deutungen, Rechtfertigungen, Überlegungen etc. gleichermaßen einbringen. Es handelt sich gewissermaßen um eine offene Tagesordnung. Die Situation muss also frei von Tabus und Zwang sein, mit Ausnahme des Zwangs zum besseren Argument. Kommunikatives Handeln impliziert deshalb auch, dass die Gesprächsteilnehmer und -teilnehmerinnen sich auf gleichberechtigter Ebene begegnen können. Es darf kein hierarchisches Machtgefälle bestehen. Alle müssen also auch die gleichen Chancen haben, sich ein- und zur Geltung bringen zu können. Das setzt im Übrigen voraus, dass sie argumentieren können. Selbstverständliche Voraussetzung ist auch die Wahrhaftigkeit der Beteiligten. Auf der Basis von List, Verzerrungen oder Täuschungen kann keine Verständigung entstehen (vgl. Habermas J., 1984: 174).

Gerade in sozialen Bereichen, die besonders von Kontingenz und Ambivalenz geprägt sind, weil letztlich nicht vorhersehbar ist, wie der oder die anderen sich verhalten werden, ist das Risiko zu scheitern sehr hoch. Verständigungsorientiert Handelnde suchen zwei Risiken zu vermeiden: „das Risiko der fehlschlagenden Verständigung, also des Dissenses oder des Missverständnisses, und das Risiko des fehlschlagenden Handlungsplanes, also des Misserfolgs" (Habermas J., 1984: 589). Im Bemühen, ein Scheitern einerseits zu verhindern und eine wechselseitige Verständigung andererseits herbeizuführen, bilden sich die Ressourcen sozialer Unterstützung, die Grundlagen von Solidarität und ein Beziehungsfundament, das als soziales Netzwerk alltägliches Handeln stützt und gelingende Bewältigungsversuche fördert.

Kommunikation ist (nicht) alles – kommunikatives Handeln in der Gemeinwesenarbeit

Die Theorie kommunikativen Handelns ist keineswegs unstrittig. Die Kritik ist unterschiedlich ausgeprägt, aber sie kristallisierte sich geradezu zwangsläufig auf die besonders provokativ wirkenden, doch zentralen Konstrukte des „herrschaftsfreien Diskurses", der „idealen Sprechsituation" und des „herrschaftsfreien Raumes". Der geradezu augenfällige Einwand, es gäbe hierzulande nun einmal keine herrschaftsfreie Räume, also könne auch nicht sein, was nicht sein darf, ist gar nicht so einfach zu widerlegen. Tatsächlich ist unsere gesellschaftliche Wirklichkeit von vielfältigen Herrschafts- und Machtverhältnissen geprägt. Die Konstruktion des (gedachten) „herrschaftsfreien Diskurses" überwindet diese harten Wirklichkeiten selbstredend noch nicht. Auch Habermas räumt selbstkritisch ein, dass seine Überlegungen und Theorien „bestenfalls anregend sind, aber keine fertigen Gedanken präsentieren" (Habermas J., 1984: 475). In einer utopiearmen Zeit, in der nur das vermeintlich Machbare zählt, wirkt die Habermas'sche Idee, das Kommunikationsgeschehen contrafaktisch zu denken und so zu tun, als sei die ideale Sprechsituation wirklich gegeben, freilich geradezu befreiend. In dem Moment, wo so gedacht und gehandelt wird, als sei die ideale Sprechsituation gegeben, wird sie im Kommunikationsvorgang auch wirksam und damit wirklich. Habermas spricht deshalb auch von einer Antizipation der idealen Sprechsituation (vgl. Habermas J., 1984: 180f.).

Matthias

Ebenso tritt die Bedeutung der räumlichen Umgebung, zum Beispiel der Infrastruktur oder der materiellen Ausstattung, hinter der Geltung kommunikativer Prozesse völlig zurück. Wie Schütz, Luckmann und Berger herausgearbeitet haben, ist die räumliche Kategorie jedoch für die Lebenswelt von konstitutiver Bedeutung. So wird sich die Lebenswelt eines Menschen, der zum Beispiel in einer Großstadt wie Frankfurt am Main aufgewachsen ist, erheblich von der eines Menschen unterscheiden, dessen Sozialisation beispielsweise in Frankenstein in Sachsen stattfand. Diese räumlichen Verschiedenheiten sind ihrerseits nun wieder vielfältig differenziert. Es macht nun einmal einen wesentlichen Unterschied, gerade für die Lebenswelt, ob beispielsweise ein Kind in einem sozial benachteiligten Wohnquartier, mit besonderem Entwicklungsbedarf, oder in einem vornehmen Nobelviertel an einem der ruhigen Sonnenhügel unserer Städte aufwächst. Und auch da macht es gerade für den Kontext der Kommunikation noch einmal eine Besonderheit aus, wenn Kinder beispielsweise in einer Familie armer Leute aufwachsen, die nicht selten einen Migrationshintergrund haben. Gerade letztere werden immer häufiger als „bildungsferne Schichten" bezeichnet, was bestenfalls darauf verweist, dass es einen unwiderlegbaren Zusammenhang zwischen Bildung, Einkommen und Integration in der Gesellschaft gibt. Wenn Sprache aber im Habermas'schen Modell eine zentrale Rolle einnimmt, können diese sozio-strukturellen und sozialpolitischen Hintergründe nicht ausgeklammert bleiben. Sie gilt es sowohl als Teil des Hintergrundes als auch als Thema der Kommunikation zu betrachten.

Schließlich hat Habermas selbst darauf hingewiesen, dass die Lebenswelt auf die Lebenszusammenhänge, einschließlich physischer Objekte, verweise (vgl. Habermas J., 1981: 329). Sein kommunikationstheoretischer Begriff der Lebenswelt eigne sich, so Habermas, jedoch „nicht zur Abgrenzung eines sozialwissenschaftlichen Objektbereiches, also derjenigen Region innerhalb der objektiven Welt, die die Gesamtheit der hermeneutisch zugänglichen, im weitesten Sinne historischen oder soziokulturellen Tatsachen bildet" (Habermas J., 1981: 206).

Ein anderer Einwand lautet, dass sich die verständigungsorientierten Personen entweder nicht finden lassen, weil sie der strategisch orientierten Systemlogik folgen und den Eigennutz allemal in den Vordergrund stellen, oder aber nicht über die Fähigkeiten verfügen, an einem anspruchsvollen herrschaftsfreien Diskurs teilzunehmen. Hinzu kommt die Befürchtung, die zusätzliche Handlungsalternative, kommunikativ handeln zu können, könnte den Druck der Belastungen noch verschärfen. Habermas räumt dies ein: „Mit der Implementierung neuer Problemlösefähigkeiten entstehen auch neue Kategorien von Bedürfnissen und Versagungen, wandelt sich die Struktur der Belastungen, die, wenn unsere Intuitionen nicht täuschen, das Leiden zugleich sublimer und intensiver werden lassen" (Habermas J., 1984: 490). Kommunikatives Handeln setzt immer voraus, dass einerseits die Individuen von sich aus die Verständigung suchen wollen und müssen und dass keinerlei Druck auf sie ausgeübt werden darf. Sie müssen andererseits aber dazu überhaupt in der Lage sein. Denn als eine der Voraussetzungen zum Gelingen kommunikativen Handelns zählt Habermas „die Kraft, sich seiner Subjektivität gegenüber reflexiv zu verhalten und die irrationalen Beschränkungen zu durchschauen" (Habermas J., Bd. 1, 1981: 43). Kommunikatives Handeln lässt sich eben nur auf symmetrischer Basis verwirklichen und ist stets an konkrete Voraussetzungen gebunden. Selbstverständlich lässt sich dieses Modell kommunikativen Handelns auch nicht auf alle Situationen und Bereiche beliebig anwenden.

Daneben wäre einzuwenden, dass die Lebensverhältnisse der 1970er-Jahre mit denen der 2010er-Jahre, gerade in einem wiedervereinten Deutschland und im globalisierten Europa, nicht mehr deckungsgleich sind. Der technologische, soziale, wirtschaftliche, politische und kulturelle Wandel war gerade in diesem historischen Zeitraum enorm. Insbesondere die Grundidee der gemeinsamen alltäglichen Selbstverständlichkeiten, die als Hindergrundfolie der Lebenswelt agieren, scheint unter „postmodernen" Vorzeichen in einer durch die Globalisierung enorm polyvalenten und unüberschaubaren Alltagswelt heftig fragwürdig geworden zu sein.

Passt von daher die Habermasssche Theorie überhaupt noch? Und welche Handlungsstrategien zeichnen sich für eine lebensweltlich orientierte Gemeinwesenarbeit ab? Die viel zitierten Pluralitäten stellen jedenfalls nicht notwendig unüberwindbare Hemmnisse für die Umsetzung kommunikativen Handelns im Alltag dar. Sie sind eher noch ein Grund mehr sich mit der „Kolonialisierung von Lebenswelt" und dem „Modell herrschaftsfreier Räume" zu befassen. Angesichts der Vielheit von Ethnien und kulturellen Hintergründen könnte hypothetisch die Behauptung gewagt werden, dass es gerade heute zum kommunikativen Handeln keine ernst zu nehmende Alternative geben könne. Wenn postmodernes Denken und Handeln gleichbedeutend mit einem Abschiednehmen von Einheitsvorstellungen und die Anerkennung der vielgestaltigen, oftmals widersprüchlichen Wirklichkeiten beinhaltet, könnten Visionen von Zygmund Baumann eine hoffnungsvolle Perspektive bilden: „Die Welt ist ambivalent, obwohl ihre Eroberer und Herrscher nicht gerne sehen, daß es so ist und auf Biegen und Brechen versuchen, sie als eine Welt auszugeben, die sie nicht ist. Gewißheiten sind nicht mehr als Hypothesen, Wahrheiten nicht mehr als zeitweilige Stationen auf einem Weg, der immer nach vorne drängt, aber niemals endet. (...) Ambivalenz ist nicht zu beklagen. Sie muß gefeiert werden. Ambivalenz stellt die Grenze der Macht der Mächtigen dar. Aus demselben Grunde ist sie die Freiheit der Machtlosen." (Bauman Z., zitiert nach: Keupp H., 1993: 57)

An dieses Feiern der Freiheit durch die Anerkennung von Ambivalenzen erinnert die von Effinger geprägte Vorstellung der „Verliebtheit in die Ambivalenz". Hier könnte sich auch ein Gegenmodell zur kulturpessimistischen „Wertediskussion", die in der Debatte um die „deutsche Leitkultur" möglicherweise noch nicht ihren Höhepunkt gefunden hat, herausbilden. Es gilt, die Ambivalenzen, Widersprüche und Differenzen gelassener anzugehen, sie zu thematisieren und – wo es möglich ist – diese auf dem Wege des kommunikativen Handelns zu bewältigen. Nicht alle sozialen Probleme und Phänomene können auf diese Weise hinreichend beleuchtet werden. Im Wesentlichen geht es darum, die Phänomene aus der lebensweltlichen wie aus der systemischen Perspektive zu betrachten und entsprechende Handlungsorientierungen zu entwickeln. Aus der Binnenperspektive der Lebenswelt stellt sich die Gesellschaft als ein Netz kommunikativ vermittelter Kooperationen dar. Durch ein „Gewebe kommunikativer Handlungen" werden die vergesellschafteten Individuen aneinander gebunden und die Integration der Gesellschaft gesichert (vgl. Habermas J., Bd. 2, 1981: 223). Kommunikatives Handeln ermöglicht gemeinschaftliches Handeln, trotz vorhandener Unterschiede, indem auf argumentativem Wege Differenzen offen gelegt und adäquate Umgangsweisen gleichberechtigt ausgehandelt werden können.

Um von dieser Theorie zu einer Praxis kommunikativen Handelns zu gelangen, ist es mitunter ein weiter und steiniger Weg. Es ist skizziert worden, dass oftmals die Grundlagen oder Voraussetzungen eines verständigungsorientierten Dialoges noch fehlen. Sie müssen inszeniert, angeregt oder infolge eines Lernprozesses erworben werden. Aufgabe von Gemeinwesenarbeit könnte es nun sein, derartige Lernfelder zu arrangieren beziehungsweise alltägliche Strukturen und Begegnungsangebote zu unterstützen, die solche Erfahrungen und Erkenntnisse ermöglichen (Oelschlägel spricht hier von „Möglichkeitsräumen"). Einerseits sollten Fachleute im Sinne der Alltags- und Lebensweltorientierung unmittelbar vor Ort präsent sein, andererseits müssen informelle Begegnungsräume vorhanden sein, an denen sich die Menschen möglichst niedrigschwellig und zwanglos begegnen können. Häufig bedarf es auch gar keiner besonderen Vorkehrungen. Die Menschen treffen sich Tag für Tag: Im Treppenhaus, auf der Straße oder im Einkaufsladen. Aber auch in der Schule oder im Kindergarten. Gerade die Kinder zeigen im Übrigen, wie schnell kulturelle und kommunikative Barrieren überbrückt werden können. Der alltägliche Stadtteil mit seinem unumgänglichen Zusammentreffen bietet so den geeigneten Bezugsrahmen, um Menschen aus unterschiedlichsten Milieus und kultureller Herkunft einander näher zu bringen und damit auch exemplarisches Lernen zu ermöglichen. Oftmals müssen solche Lernfelder erst arrangiert werden. Da im Prozess der Kolonialisierung von Lebenswelt in der kapitalistischen Konkurrenz- und Leistungsgesellschaft bei vielen Menschen das eigene Selbstvertrauen und das mitfühlende Verständnis für außergewöhnliche und eigensinnige Verhaltensweisen abhanden gekommen sind, bedarf es der besonderen Anregung, Unterstützung und Förderung.

Dabei kann eine Vielzahl von Methoden, Techniken und Arrangements zum Einsatz kommen. Kunst und Kultur könnten vor allem zur Unterstützung von Reflexion und Bewältigung von Kolonialisierungsphänomenen dienen. Nicht zuletzt stellen sie Ressourcen dar, um die Ebenen der Lebenswelt und des Systems zu thematisieren. Mittels Gemeinwesenarbeit könnte es nun gelingen, die Chancen und Risiken, die Stärken und Schwächen sowie die Unterschiede und Gemeinsamkeiten dergestalt herauszuarbeiten, dass nicht nur ein Nebeneinander, sondern zumindest zeitweise auch ein Miteinander möglich wird. Auf kommunikativem Wege könnten somit auch die Voraussetzungen für die Entfaltung einer Ressource geschaffen werden, die dem Individuum wie der Gesellschaft zunehmend abhanden kommen: der Solidarität. Für Habermas ist die Kategorie der Solidarität eine Ergänzung zur individuellen Gleichbehandlung, insofern sie sich „auf das Wohl der in einer intersubjektiv geteilten Lebensform verschwisterten Genossen bezieht – und damit auch auf die Erhaltung der Integrität dieser Lebensform selbst" (Habermas, 1991: 70). Mit der Solidarität eröffnen sich dem Individuum neue Perspektiven der Gegenwehr: Neben der Gewalt des Geldes und der Gewalt der bürokratischen Macht bildet sich eben auch die „sozialintegrative Gewalt der Solidarität" (Habermas, 1985: 151).

In einer globalisierten Gesellschaft, die von vertikalen und horizontalen Differenzierungen geprägt ist, insbesondere dem Gegensatz von Armut und Reichtum, wird kommunikatives Handeln zu einer hoffnungsvollen Option, auch im Sinne Ernst Blochs „Prinzip Hoffnung": „Und wenn auch Hoffnung den Horizont nur übersteigt, während erst Erkenntnis des Realen mittels der Praxis ihn auf solide Weise verschiebt, so ist es doch sie wieder allein, welche das anfeuernde und tröstende Weltverständnis, zu dem sie leitet, zugleich als das solideste und tendenzhaft-konkreteste gewinnen lässt. Zweifellos, der Trost dieses Weltverständnisses muss angestrengt mitgebildet werden." (Bloch, Bd. 3: 1617f).

Literatur

Arendt, H.: Vita activa oder Vom tätigen Leben, München, Zürich, 1985

Bender-Junker, B.: Ethik in der Sozialen Arbeit zwischen Gerechtigkeit, Anerkennung und Sorge. Ein Blick auf Vermittlungsdilemmata, ethische Haftpunkte und begriffliche, ethische Reflexion in der Sozialen Arbeit. In: Dungs, S., u.a. (Hrsg.), (2006): Soziale Arbeit und Ethik im 21. Jahrhundert, Leipzig, S. 51 -61

Bloch, E.: Das Prinzip Hoffnung, Bd. 1–3, Frankfurt a. Main, 1979

Duden, in http://www.duden-suche.de/suche/abstract.php?shortname=fx&verweis=1&artikel_id=89849

Frindte, W.: Einführung in die Kommunikationspsychologie, Weinheim und Basel, 2001

Habermas, J.: Erläuterungen zum Begriff des kommunikativen Handelns. In: Habermas, J., 1984, S. 571-606

Habermas, J.: Replik auf Einwände (1980). In: Habermas, J., 1984, S. 475-572

Habermas, J.: Theorie des kommunikativen Handelns, Bd. I und II, Frankfurt a. Main, 1981

Habermas, J.: Vorstudien und Ergänzungen zur Theorie des kommunikativen Handelns, Frankfurt a. Main, 1984

Husserl, E.: Husserliana – Edmund Husserls Gesammelte Werke, Die Krisis der europäischen Wissenschaften und die transzendentale Phänomenologie, Den Haag, 1962

Kleve, H. (2006): Soziale Arbeit in der Postmoderne. Sozialarbeiterische Ambivalenzen als ethische Dilemmata. In: Dungs (Hrsg.), a.a.O., S. 108 - 124

Keupp, H.: Postmoderne Welt des fröhlichen Durcheinanders. In: Psychologie Heute, Jg. 20 (1993), Heft 6, S. 50-57

Kraus, H.: Amerikanische Methoden der Gemeinschaftshilfe. Community Organization für Social Welfare. In: Soziale Welt, (1951), Heft 2, S. 184-192

Merten, K.: Kommunikation: Eine Begriffs- und Prozessanalyse, Opladen 1977

Rausch G.: Gemeinschaftliche Bewältigung von Alltagsproblemen, Gemeinwesenarbeit in einer Hochhaussiedlung, Münster, 1998.

Rausch, G.: Gemeinwesenarbeit zwischen Hochhausgärtnern und Global Playern oder Lernziel Solidarität in Zeiten der Globalisierung. In: Pfeifer-Schaupp (Hrsg.): Globalisierung und soziale Arbeit, 2005, S. 168–185

Waldenfels, B.: 'Das umstrittene Ich'. In: Grathoff, R. u. Waldenfels, B. (Hrsg.), 1985, S. 15-30

Watzlawick, P.: Menschliche Kommunikation. Formen, Störungen, Paradoxien. – Bern 1969

Stadtteilarbeit und Kieztheater – Veränderungen eines Verhältnisses

Markus Runge

Am Anfang des dreijährigen Projektes war das Kieztheater als Unterstützung der Stadtteilarbeit gedacht. Partizipationstheater als Methode, beziehungsweise Handwerkszeug der Gemeinwesenarbeit – so war die Idee – würde die Kommunikation im Kiez und die Entwicklung von Lösungen für kiezbezogene Probleme befördern. Dies sollte ganz konkret im Kontext der Stadtteilarbeit des Nachbarschaftshauses erfolgen.

Stadtteilarbeit und Kieztheater – Veränderungen eines Verhältnisses

In der Phase des Aufbaus der Gruppe zu Beginn des Projekts gab es eine Sammlung von Themenvorschlägen aus der Stadtteilarbeit, die als Ausgangspunkt der Arbeit des Kieztheaters diente. Die jährlichen Auftritte des Kieztheaters auf dem Graefekiez-Fest suchten stets den Bezug zum Kiez und griffen aktuelle Themen und Probleme aus dem nachbarschaftlichen Umfeld auf. In den Auftritten im öffentlichen Raum – ob auf Straßen, Brücken, öffentlichen Plätzen oder auch in der Markthalle – steckt aus meiner Sicht ein Potenzial, welches das Kieztheater Kreuzberg noch nicht zur Genüge ausgeschöpft hat und das man in der Zusammenarbeit mit der Stadtteilarbeit durchaus stärker nutzen könnte. Hier mangelte es meines Erachtens vor allem an zeitlichen Ressourcen im Bereich der Stadtteilarbeit, das Kieztheater stärker in die kiezbezogene Arbeit einzubinden, kontinuierlich mit den Spielleitern und den Theaterspielenden im Gespräch zu bleiben sowie Themen und aktuelle Entwicklungen im Kiez zu kommunizieren und gemeinsam zu überlegen, wo das Kieztheater konkret eingesetzt werden könnte.

Je mehr das Kieztheater seine Auftritte in geschlossenen Räumen, wie dem Wirtshaus „Max und Moritz" oder dem „Familiengarten", organisierte, um so mehr ging der unmittelbare Bezug zur aufsuchend aktivierenden Stadtteilarbeit des Nachbarschaftshauses Urbanstraße verloren. Das hatte nicht direkt mit dem Wechsel von offenen in geschlossene Räume zu tun. Die gewählten Räume lagen aber außerhalb der Kieze, in denen die Stadtteilarbeit des Nachbarschaftshauses aktiv war. Aus meiner Sicht war das Kieztheater in diesem Sinne kein Handwerkzeug und keine Kommunikationsmethode der Gemeinwesenarbeit des Nachbarschaftshauses mehr. Denn sie war nicht mehr auf die konkreten Kieze, auf die sich die Stadtteilarbeit bezog, und ihre Themen konzentriert.

Was das Kieztheater aber nicht verlor, war seinen Kiezbezug. Im Gegenteil: es brachte jenseits der Stadtteilarbeit aktuelle Kreuzberger Themen öffentlich ins Gespräch – Themen, die ebenso kiezbezogene Relevanz hatten, nur dass sie eben nicht von der Stadtteilarbeit, zum Beispiel in Form von weiterführenden Arbeitsgruppen, über Bewohnerversammlungen oder öffentliche Aktionen bearbeitet wurden. Dennoch leistete das Kieztheater in diesem Sinne einen klaren Beitrag zur Kommunikation über gesellschaftliche Realitäten im Stadtteil und schuf Aufmerksamkeit für gesellschaftliche Problemlagen.

Das Potenzial des Kieztheaters ist damit ein Doppeltes: Kieztheater kann sowohl in enger Zusammenarbeit mit der Stadtteilarbeit als auch jenseits dieser eine Bereicherung für die Kommunikation im Stadtteil sein und Menschen anregen, sich mit gesellschaftlichen Themen in der Nachbarschaft auseinanderzusetzen.

Resümierend lassen sich im Folgenden gleich mehrere Parallelen zwischen Gemeinwesenarbeit und Kieztheater benennen, deren nähere Betrachtung die Veränderung des Verhältnisses zwischen beiden unterstreicht und die Eigenständigkeit des Kieztheaters gleichberechtigt neben der Stadtteilarbeit durchaus noch einmal betont.

1. Stadtteilarbeit und Kieztheater – gemeinsame historische Bezüge

Auch wenn die Wurzeln der Stadtteil- und Gemeinwesenarbeit in erster Linie in der Settlement-Bewegung[31] liegen, kann ein Bezug zu Paulo Freire doch in vielen Büchern und Veröffentlichungen zu Gemeinwesenarbeit gefunden werden. Das hat mich in der Literaturrecherche tatsächlich überrascht, hatte ich doch bisher in der Lektüre von Gemeinwesenarbeitsliteratur Bezüge zu Paulo Freire eher vermisst!

Paulo Freire und Augusto Boal, beide Brasilianer, waren Weggefährten. Augusto Boals Theaterarbeit ist stark geprägt von Paulo Freires „Pädagogik der Unterdrückten". „Neben dem Engagement der beiden für unterdrückte, ausgegrenzte Bevölkerungsgruppen zeigen sich besonders die Bewusstmachung der eigenen Situation, die problemformulierende und dialogische Methode als Pfeiler der beiden Ansätze."[32] Beide legten ihren Fokus auf die gesellschaftlichen und damit auch politischen Probleme.

Karas und Hinte führen in ihrem „Grundprogramm Gemeinwesenarbeit" von 1978 Freires „Pädagogik der Unterdrückten" als Literatur zu Gemeinwesenarbeit auf. Boulet, Krauss und Oelschlägel verweisen in ihrem GWA-Klassiker von 1980[33] auf Freire, wenn sie die „Bedeutung der expliziten Verbindung von Erfahrung-Handeln-Lernen" betonen und auf die notwendige Qualität der agogischen Aktion hinweisen. Renate Schnee führt Freire in ihrer Darstellung der Geschichte der GWA auf: „Im Mittelpunkt seines pädagogischen Konzeptes steht die Entwicklung eines kritischen Bewusstseins bei den Machtlosen und Unterdrückten. In einer Einheit von Reflexion und Aktion sollen diese die Machtverhältnisse und das eigene Handlungspotenzial erkennen, mit dem Ziel, die Welt zu verändern. (…) Durch Erziehung zur Selbstbefreiung sollen Menschen bewusst planende und handelnde AkteurInnen ihrer eigenen Lebenspraxis werden."[34]

---

[31] Die ersten Settlements gab es bereits am Ende des 19. Jahrhunderts. Das waren Niederlassungen gebildeter Menschen in ärmeren Stadtteilen. In diesen Settlements ging es darum, einerseits die Lebensverhältnisse vor Ort aus eigener Anschauung kennen zu lernen und andererseits zu helfen, wo Hilfe gebraucht wurde.
[32] Wrentschur, Michael (2004): Theaterpädagogische Wege in den öffentlichen Raum. S. 51.
[33] Boulet/Krauss/Oelschlägel (1980): Gemeinwesenarbeit. Eine Grundlegung. S. 310.
[34] Schnee, Renate (2004): Vorlesungsbegleitendes Skriptum Gemeinwesenarbeit 2004. www.telesozial.net/cms/uploads/tx_kdcaseengine/Skriptum_Gemeinwesenarbeit_Renate_Schnee_102004.pdf , S. 5.

Renate Zwicker-Pelzer verweist in ihrem Artikel „Befreiungspädagogik und Soziale Arbeit" besonders auf die katalytisch-aktivierende Gemeinwesenarbeit, die ihres Erachtens der Idee der Befreiungspädagogik sehr nahe kommt.[35] Ursprüngliches Ziel dieses GWA-Ansatzes sei „eine herrschaftsfreie Gesellschaft, in der es keine Unterdrückung mehr gibt, in der Menschen sich durch ihre eigenen Gruppen und Sprecher selber zu helfen vermögen, in der Solidarität hoch geschätzt wird, in der sich die Menschen mit den Problemen anderer identifizieren und in der sie ihre Fähigkeiten entfalten und zu einem sozial-kreativen Leben kommen."[36]

Diese gemeinsamen historischen Bezüge verbinden Gemeinwesenarbeit und Kieztheater: Die Nähe zum Lebenskontext von Menschen; das Ausgehen von der unmittelbaren Betroffenheit; das partizipative Element in Form bürgerschaftlichen Engagements; der dialogische Arbeitsansatz im Sinne eines gemeinsamen Lernens und das Streben nach gesellschaftlicher Veränderung.

Diese Gemeinsamkeiten werden auch in den beiden Fachartikeln in diesem Buch deutlich, zum Beispiel, wenn Gerd Koch dieses neue, gesellschaftliche Lehr-Lern-Verhältnis beschreibt, das durch das Agieren von CTs in der Gesellschaft entfaltet wird. In seinem Begriff der „gesellschaftlichen Begegnungspädagogik" steckt das dialogische Prinzip. Günter Rausch sieht in der Gemeinwesenarbeit eine Kraft, die Grundlagen oder Voraussetzungen eines verständigungsorientierten Dialoges schafft, so genannte Möglichkeitsräume arrangiert, um Erfahrungen und Erkenntnisse ermöglicht.

Damit liegen die Chancen der Verstetigung öffentlicher, politisch-gesellschaftlicher Kommunikation sowohl in der Gemeinwesenarbeit als auch im Kieztheater.

2. Der Stadtteilarbeiter und der Joker

Eine weitere Parallele zwischen Gemeinwesenarbeit und Kieztheater ist die durchaus vergleichbare Rolle des Stadtteilarbeiters und des Jokers im Prozess der Kommunikation.

In ihrer zentralen Rolle als Moderator, Mittler, Vernetzer besitzen beide viel Macht, die sie einsetzen können zum Gelingen oder zur Verhinderung von Kommunikation und positiver Stadtteilentwicklung. „Macht ist eine wesentliche Lebenskraft, die immer wirkt, entweder zur Veränderung der Welt oder zur Verhinderung von Veränderung".[37]

Im Kieztheaterabend wie auch in der Stadtteilarbeit hängt es sehr davon ab, wie die zentralen Figuren agieren, wie sie Verständigung ermöglichen oder auch verhindern.

---

[35] Zwicker-Pelzer, Renate S.42 In: Lutz, Ronald (2005): Befreiende Sozialarbeit. Skizzen einer Vision.
[36] Hinte/Karas (1989): Grundprogramm Gemeinwesenarbeit. S. 23.
[37] Alinsky, Saul (1999): Anleitung zum Mächtigsein. S. 44.

Stadtteilarbeit und Kieztheater – Veränderungen eines Verhältnisses

Ihre Haltung ist ausschlaggebend für das Gelingen partizipativer Prozesse. Auf ihr Geschick, die Menschen in die Kommunikation einzubinden, kommt es an. Besitzen sie die Fähigkeit, Menschen zu begleiten und zu unterstützen, ohne ihnen die Freiheit zu nehmen, eigene Lernprozesse durchzumachen? Gelingt es ihnen, Prozesse der Kommunikation, der Diskussion und Auseinandersetzung sowie der Entwicklung von Lösungsmöglichkeiten zu befördern, ohne einerseits den Menschen die sie selbst betreffenden Entscheidungen abzunehmen und andererseits sie zu überfordern?
Die Ähnlichkeit der zentralen Rolle von Gemeinwesenarbeiter und Joker unterstreicht meines Erachtens einerseits die gute Verbindung beider Ansätze in der Stadtteilentwicklung, andererseits auch die durchaus mögliche Loslösung des Kieztheaters von der Stadtteilarbeit im Sinne eines eigenständigen Agierens im Stadtteil.

37 Alinsky, Saul (1999): Anleitung zum Mächtigsein. S. 44.

Luki

Bei allen Kieztheaterstücken ist es sowohl auf der Straße als auch in geschlossenen Räumen gelungen, einige zum Mitspielen/Verändern auf die Bühne zu holen.
In den Interviews nach den Stücken im Max & Moritz und im Familiengarten hatte ich schon das Gefühl, dass die, die nicht eingegriffen haben aber zumindest überlegt haben, wie es anders laufen könnte oder was sie machen würden, wenn sie sich trauen täten. Außerdem wurde an vielen Tischen weit nach der „Vorstellung" noch heftig über das Thema diskutiert.

In dem Maße, wie Gemeinwesenarbeit ihr Handeln auch als ein öffentliches Bühnenhandeln versteht, könnte sie sich einiges an Anregungen vom Kieztheater und dem Agieren und Inszenieren des Jokers holen. Gerade der Ansatz des Community Organizing[38] scheint mir da in der Inszenierung von Veranstaltungen anderen Gemeinwesenarbeitsansätzen einiges voraus zu haben.

3. Stadtteilarbeit und Kieztheater fördern soziales Kapital

Die Einschätzung Kochs in seinem Buchbeitrag zur Wirkung von Community Theatre ist selbstbewusst. Agiert es „bewusst im öffentlichen Raum, dann verkörpert es sich zu einer gesellschaftlichen Größe, mit der als kommunikative Macht zu rechnen ist". Als Insel für eine Meinungsbildung in aller Öffentlichkeit liegt im Community Theatre durchaus eine wichtige gesellschaftliche Kraft.

Das Kieztheater war Bühne für Menschen und auch für Organisationen, die sich für unterschiedliche Themen engagieren. Aus dem Blickwinkel der Gemeinwesenarbeit betrachtet, war es in seiner Wirkung eher begrenzt, da aus dem Theater keine konkreten Aktionen oder Initiativen für den Kiez entstanden. Aber ist die Wirkung des Kieztheaters möglicherweise eine ganz andere? Gelingt es ihm vielleicht Menschen anzusprechen, die durch die Stadtteilarbeit gar nicht erreicht werden? Kann es Menschen auf gesellschaftliches Engagement vorbereiten, in dem es sie heranführt an die Auseinandersetzung über veränderungsnotwendige Themen? Ist es die Rolle des Kieztheaters Menschen zusammen zu führen, die im Dialog mit Anderen erkennen, dass sie selber einen Beitrag zur Veränderung leisten können?

Hinsichtlich der Wirkung des Kieztheaters ist der Fokus auf die Mitspielenden ein besonderer. Das Projekt hatte eine längere Kontinuität und auch eine umfangreiche Intensität des miteinander Spielens. Hier sind Beziehungen entstanden. Kieztheater war in diesem Sinne selbst eine Initiative, die intensive inhaltliche Auseinandersetzung mit verschiedensten Themen ermöglichte. Das wird aus meiner Sicht auch an den über dieses Buch verteilten Statements der Mitspieler deutlich. Ob das Legislative Theater im Sinne einer Weiterentwicklung des Kieztheaters unter Einbeziehung von Politik und Juristen vielleicht längerfristig eine größere Wirkung im Sinne einer Veränderung gesellschaftlicher Realitäten erzielen kann, bleibt abzuwarten.

---

38 Community Organizing (CO) ist eine in den USA seit Jahrzehnten erfolgreich eingesetzte Methode, die Menschen eines Stadtteils oder einer Gemeinde dauerhaft miteinander vernetzt, um effektiv Einfluss nehmen zu können. Über zahlreiche Einzelgespräche wächst Vertrauen und Motivation. So entstehen Bürgerorganisationen, die gemeinsam Strategien und konkrete Aktionen zur Lösung erarbeiten, die professionell und nachhaltig die Interessen der Bewohner vertreten und ernstzunehmende Partner für Politik und Wirtschaft werden. Erfolgversprechende Ansätze von CO finden sich auch in Deutschland, z.B. unter www.dico-berlin.org.

Hinsichtlich ihrer Wirkung verbindet Stadtteilarbeit und Kieztheater die Förderung von sozialem Kapital. Soziales Kapital entsteht durch Beziehungen zwischen Menschen sowie zwischen Menschen und Organisationen. Es lässt sich als Zusammenspiel folgender fünf konkreter Elemente beschreiben: Vertrauen, Gegenseitigkeit, soziale Netzwerke, gemeinsame Verhaltensnormen, Engagement und Zugehörigkeitsgefühl.[39] Der Förderung von sozialem Kapital in der Gesellschaft wird gegenwärtig eine hohe Bedeutung zugeschrieben. Robert Putnam unterscheidet zwischen bonding (bindendem) und bridging (brückenbildendem) social capital[40], wobei er dem brückenbildenden sozialen Kapital in der Verbindung unterschiedlicher sozialer Milieus eine zentrale Rolle einräumt. Stadtteilarbeit und Kieztheater fördern soziales Kapital, indem sie Menschen zusammenbringen, den Austausch zwischen ihnen fördern und Partizipation ermöglichen.

Das Kieztheater geht, wenn es kiezrelevante Themen formuliert, von einer verbindenden Gemeinsamkeit aus. Das, was gezeigt wird, soll im Bezug zum Kiez stehen. Auf symbolischer Ebene wird also über verbindende Aspekte des Zusammenlebens verhandelt. Unklar ist, wie sich symbolisches Handeln (im Kieztheater) auf konkretes Handeln (im Stadtteil) auswirkt. Kieztheater provoziert einen Diskurs darüber, was als „verbindend" angesehen werden kann. Es spiegelt Realitäten und dient als Projektionsfläche für individuelle Einstellungen. Zwar vermag es nicht zu steuern, welche konkreten Beziehungen unter den Zuschauerinnen geknüpft werden, aber seine Wirkung entwickelt es aus seiner Konstellation, in der Zuschauer aktiv miteinbezogen werden, gemeinsame Fragen zum Kiez zu beantworten. Diesem symbolisch-praktischen Diskurs fällt die Aufgabe zu, zu klären, welches die gemeinsamen Werte sind. Voraussetzung dafür ist Dialogfähigkeit. Diese Dialogfähigkeit braucht es in Zweierbeziehungen wie auch in größeren Gebilden wie einem Großstadtkiez. Die größte Schwierigkeit in der Stadtteilarbeit ist es, die Bewohnerinnen anzusprechen, mit ihnen in Kontakt und ins Gespräch zu kommen, das Interesse unterschiedlicher sozialer Gruppen und Personen für den Stadtteil zu wecken und sie in gemeinschaftliche Prozesse einzubinden. Ein Zugehörigkeitsgefühl zu entwickeln kann ein zentrales mobilisierendes Element sein, um Menschen zu gewinnen, aktiv zu werden. Aber was bedeutet das in Bezug zum Kiez? In sozialräumlichen Strukturen, die übersichtlich strukturiert sind, lässt sich solch eine Gemeinsamkeit leichter formulieren und sichtbar machen. In einem großstädtischen Kontext steht der verbindende Aspekt sozialer Gemeinsamkeiten zunehmend in Frage. Ebenso wie sich die Stadtteilarbeit die Frage stellt, ob ein Thema ein ausreichender Anlass ist, um im Stadtteil Be-

---

[39] CBS Network Services Limited und Technologie-Netzwerk Berlin e.V. (Hrsg) (2003): Informationsbroschüre Soziales Kapital.
[40] Putnam (Hrsg.) (2001): Gesellschaft und Gemeinsinn. Sozialkapital im internationalen Vergleich. S.25 ff.

wohnerinnen zu aktivieren, fragt das Kieztheater, ob ein Thema geeignet ist, als gemeinsame Referenz „Kiez" zu dienen. Im Sinne der Theorie des sozialen Kapitals investiert das Kieztheater Zeit und Geld in den gemeinsamen Kontext.

Es gibt nur wenige Orte, an denen heterogene Gruppen über gemeinsame Werte und „kiezbildende", „wohnortnahe" Gemeinsamkeiten diskutieren. Auch Stadtteilarbeit ist interessiert, auf breiter Front für eine Stadtteilidentität zu sorgen (zum Beispiel über Stadtteilfeste), im Bewusstsein, dass dies eine der Grundlagen ist, soziales Kapital zu entwickeln. Hier lassen sich die Gedanken von Koch und Rausch verbinden. Während Koch andeutet, dass sich Community Theatre im Besonderen dazu eignet, gesellschaftliche Begegnungsprozesse in Gang zu setzen, macht Rausch deutlich, dass die Grundlage des kommunikativen Handelns gemeinsam ausgehandelte Situationsdefinitionen sind und das kommunikative Handeln auf gegenseitige Verständigung zielt. In diesem Sinne wird deutlich, dass sich die Wirkung des Kieztheaters nicht allein unter dem Blickwinkel politischer Wirksamkeit betrachten lässt (und in Aktivitäten der Stadtteilarbeit messbar ist).
Vielmehr muss man fragen, welchen Beitrag das Kieztheater zur Entwicklung von gesellschaftlicher Solidarität spielt. Grundlage für die Entstehung von Solidarität ist, und das zeigt Rausch anhand des Habermas'schen Theorems, das kommunikative Handeln im Stadtteil. Aus diesem entsteht identitätsstiftende Orientierung.
Gleichwohl konstatiert Rausch, dass dieser Prozess zunehmend gestört ist. Seine gesellschaftsverändernde Dimension erhält das Kieztheater aber nicht aus dem in ihm stattfindenden kommunikativen Handeln der Zuschauer, sondern aus der Dimension, die das so genannte soziale Kapital für eine Gesellschaft spielt. Der Begriff des sozialen Kapitals bezieht sich bei Putnam auf „bestimmte Grundzüge der sozialen Organisation, beispielsweise auf Netzwerke, Normen und soziales Vertrauen die Koordination und Kooperation zum gegenseitigen Nutzen fördern".[41] Soziales Kapital kann aus seiner Sicht gleichzeitig privates und öffentliches Gut sein. „In vielen seiner Erscheinungsformen fällt ein Teil des Nutzens Unbeteiligten zu, während ein weiterer Teil des Nutzens die unmittelbaren Interessen der Person befriedigt, welche die Investition tätigt".[42] In diesem Sinne will Kieztheater öffentlich wirken, indem es mit seinen Themen Aspekte des Zusammenlebens im Kiez und der Gesellschaft anspricht. Wenn das Theater in besonderer Weise dazu geeignet ist, Prozesse kommunikativen Handels (im positiven Sinne) zu inszenieren, dann entfaltet es seine Wirkung im Kontext der Bildung sozialen Kapitals. Da sich der Dialog im Kieztheater auf der

---

[41] Putnam (1999): Demokratie in Amerika am Ende des 20. Jahrhunderts. In: Graf, F.W.: Soziales Kapital in der Bürgergesellschaft. S.28.
[42] Putnam (Hrsg.) (2001): Gesellschaft und Gemeinsinn. Sozialkapital im internationalen Vergleich. S.22.

Folie gesellschaftlicher Ungleichheit oder Ungerechtigkeit abspielt, besteht die Hoffnung, dass gerade Kieztheater geeignet ist, einen Beitrag zur Förderung sozialen Kapitals zu leisten.

In der Stadtteilarbeit ist eine möglichst breite Kommunikation innerhalb des gesamten Stadtteils notwendig. Rausch schreibt von der Inszenierung von Partizipationsmöglichkeiten, „um auch solchen Leuten die Chance zur Teilhabe zu bieten, die ansonsten von der Mitwirkung ausgeschlossen sind".[43] Beachtlich ist die im Kieztheater gelungene Heterogenität einerseits in der Gruppe der Mitspielenden und andererseits auch unter den Besucherinnen von Kieztheaterauftritten. Diese starke Anziehungskraft und breite Einbeziehung verschiedenster Bevölkerungsgruppen im Kieztheater ist beispielhaft. Es ist die besondere Fähigkeit des Kieztheaters, über die eigene Bezugsgruppe hinaus zu kommunizieren. Damit kann es zur Verständigung von Menschen miteinander und untereinander in besonderem Maße beitragen. Es hat das Potenzial, ein Schritt zu Aktion und Engagement für den Stadtteil zu sein.

Das dreijährige Projekt zeigt, dass Kieztheater einen wichtigen Beitrag für die Herstellung nachhaltiger gemeinsamer Handlungsstrukturen leisten kann, in dem es zunächst überhaupt Bewusstsein schafft für das Gemeinwesen, für das Zusammenleben im Stadtteil und den Bedarf nach Veränderung. Für die zukünftige Entwicklung wirkungsvoller Stadtteilarbeit ist eine stärkere Verzahnung dieser mit Ansätzen von Community Theatre äußerst vielversprechend.

[43] siehe Beitrag von Rausch in diesem Buch.

Stadtteilarbeit und Kieztheater – Veränderungen eines Verhältnisses

> **Die Wirkung unseres Theaters im Kiez ist sehr schwierig zu beurteilen:**
>
> Der Kiez ist groß und bunt. Wir als Kieztheater können da nur kleine Beiträge liefern. Aber hier und da haben wir sicherlich einige Diskussionen und Reflektionen angestiftet - und davon kann es in unserer komplexen und komplizierten Zeit nicht genug geben.

Beate

Vom Kieztheater
zum Legislativen Theater Berlin

Jens Clausen und Harald Hahn

Mit dem Legislativen Theater Berlin (LTB) haben wir 2008 unseren Ansatz des Kieztheaters erweitert. Wir wollten die szenisch dargestellten Konflikte auf die Gesetzesebene bringen. Die Interventionen des Forumtheaters sollten unter der Fragestellung diskutiert werden, welche gesetzlichen Rahmenbedingungen notwendig sind, um den dargestellten Konflikt zu entschärfen. Politische Entscheidungsträger sollten aufgefordert werden, Gesetzesinitiativen auf den Weg zu bringen. Ohne die dreijährige Experimentierphase mit emanzipatorischen Theatermethoden im Kieztheater Kreuzberg wäre das LTB nicht möglich gewesen. Unsere Erfahrungen mit einer heterogenen Theatergruppe flossen in die Umsetzung des legislativen Theaterprojektes mit ein und trugen wesentlich zum Erfolg dieses Projekts bei.

Im April 2008 fand die Premiere des ersten Legislativen Theaters in Berlin statt. „Der Fuß bist Du! oder: Theater betritt Politik" – unter diesem Motto wurde den Themen „Working Poor" und „Prekariat" ein Forum gegeben. An zwei Abenden spielten wir Legislatives Theater in Anwesenheit der Rechtsanwältin Katja Ponert, der Bundestagsabgeordneten Kornelia Möller und Katja Kipping (beide Die Linke) sowie Wolfgang Wieland (Bündnis 90/Die Grünen). Wir hatten zuvor Kontakt zu allen Fraktionen des Bundestages aufgenommen und viele Bundestagsabgeordnete eingeladen. Einige bekundeten ihre Sympathie für dieses Theaterprojekt, konnten aber nicht teilnehmen, da die Aufführungen in der sitzungsfreien Zeit des Bundestages lagen.[44] Zu diesem ungünstigen Termin war es aufgrund von Finanzierungsproblemen zu Beginn des Vorhabens gekommen.[45] Da die Theaterhäuser einen langen Vorlauf bei der Planung ihrer Spielpläne haben, waren wir auf der Suche nach einem Spielort froh, eine Auftrittsmöglichkeit im Saalbau Neukölln gefunden zu haben.[46]

Zunächst hatten auch die Bundestagsabgeordneten Dietmar Staffelt (SPD) und Karl-Georg Wellmann (CDU) zugesagt. Wir wollten verschiedene Parteien an den Aufführungsabenden zu Gast zu haben. Einerseits die Vertreter der großen „Volksparteien" und der Regierungskoalition, da sie über den größeren Einfluss verfügen, aber auch andererseits die Vertreter und Vertreterinnen der Opposition, die in einer Demokratie als Korrektiv nicht wegzudenken sind. Leider mussten Staffelt und Wellmann kurzfristig absagen.

Mit einem Kiezthema in den gesellschaftlichen Diskurs eingreifen

In den drei Jahren Kieztheater sind wir immer wieder auf das Thema Armut und die damit verbundene soziale und kulturelle Ausgrenzung gestoßen. Armut und prekäre Lebensverhältnisse sind in Berlin-Kreuzberg weit verbreitet – und somit also Kiezthemen. Immer mehr Menschen in Kreuzberg befinden sich in Arbeitsverhältnissen, die nicht nur schlecht bezahlt, sondern auch von permanenter Unsicherheit, fehlender Perspektive und oftmals von sozialer Isolation geprägt sind. Um für die Betroffenen konkret etwas zu verbessern, müssen unserer Meinung nach gesetzliche Rahmenbedingungen für solche Arbeitsverhältnisse verändert werden. Wir wollten die realen Umstände solcher Lebens- und Arbeitssituationen in einer Theater-

---

[44] In dieser Zeit gehen viele Abgeordnete ihren Verpflichtungen in ihrem Wahlkreis nach und halten sich deshalb nicht in Berlin auf.

[45] Das Legislative Theater Berlin konnte aufgrund der Förderung von der Stiftung „Menschenwürde und Arbeitswelt", der Aktion Mensch „Die Gesellschafter" und des Nachbarschaftshaus Urbanstraße e.V. stattfinden.

[46] Obwohl die Vorstellungen, nicht an einem Freitag- oder Samstagabend stattfanden, sondern an einem Dienstag- und Mittwochabend, spielten wir zwei Mal vor über 200 Zuschauerinnen bei ausverkauftem Haus im Saalbau Neukölln.

veranstaltung öffentlich machen, um dann den Fokus auf mögliche Gesetzesänderungen zu richten. Schon im Vorfeld der Veranstaltung berichteten zahlreiche Zeitungen über das Projekt und damit auch über die Themen „Working Poor"[47] und „Prekarität". Veränderung beginnt mit der Schaffung von gesellschaftlichem Unrechtsbewusstsein. Dies kann man durch die Thematisierung eines Missstandes erreichen. Schon durch die Auswahl eines Themas positioniert man sich und greift in den gesellschaftlichen Diskurs ein.

Wir haben an den Aufführungsabenden Konflikte oder Problemlagen in Spielszenen umgesetzt, ein Moderator animierte das Publikum, sich zu beteiligen. Ähnlich wie beim Kieztheaterabend wurden die Zuschauer aufgefordert, auf die Bühne zu gehen und ihre Veränderungsvorschläge in Szene zu setzen. Rechtsanwältin Katja Ponert kommentierte die Vorschläge aus juristischer Sicht. Sie wies auf die gesetzlichen Bestimmungen hin, die in der Szene eine Rolle spielen und erläuterte, worin der Spielraum des Gesetzgebers besteht und welche Regelungen die Situation maßgeblich verbessern könnten. Sie berichtete aus ihrer Praxis als Rechtsanwältin und beschrieb, woran es in der Realität oft scheitert.
Über die Erörterung der rechtlichen Regelungen, welche die Bedingungen prekärer Beschäftigung mitbestimmen, kamen wir automatisch zur Frage, wie sich die Lage der Betroffenen verbessern ließe. An diesem Punkt musste Katja Ponert auf den politischen Willen verweisen. Denn Ansätze, die rechtliche Situation zu verbessern, wären denkbar, sind aber untrennbar mit politischen Zielsetzungen und Überzeugungen verbunden. Da Abgeordnete anwesend waren, konnte das Legislative Theater an dieser Stelle die politische Debatte führen. So gelang es uns, an den Aufführungsabenden die Spielszenen auf die politische Ebene der Gesetzgebung zu transferieren.

Die Herausforderung der zwei Abende lag darin, mit Hilfe des Theaters einen direkten Dialog zwischen Betroffenen, Bürgern und Politikern zu erreichen. Die politischen Entscheidungsträger sollten mit den Erfahrungen der Betroffenen und den Auswirkungen ihrer im Bundestag beschlossenen Gesetze – als Ergebnis der Kontroversen im Publikum – konfrontiert werden. Wir dachten, im Idealfall könnte im Rahmen der Aufführung der Anstoß zu einer parlamentarischen Initiative entstehen, die die beteiligten Abgeordneten ins Parlament einbringen. Obwohl wir uns bewusst

---

[47] Einen Einblick in prekäre Lebensverhältnisse in den USA vermittelt die Autorin Barbara Ehrenreich in ihrem 2001 auf deutsch veröffentlichten Sachbuch „Arbeit Poor – Unterwegs in der Dienstleistungsgesellschaft". Der Sachbuchautor Jens König gibt in seinem Buch „Einfach Abgehängt" (Rowohlt Berlin 2008) einen Einblick in prekäres Leben in Deutschland.

waren, dass dies natürlich nicht so einfach umzusetzen sei, waren wir umso neugieriger, wie dieses Experiment verlaufen würde. Im parlamentarischen System der Bundesrepublik kann ein Abgeordneter in der Regel nur eine Diskussion anstoßen. Erst wenn er seine Fraktion überzeugt, kann daraus ein Antrag der Fraktion im Parlament werden. Danach entscheidet sich, ob daraus eine Anfrage oder Gesetzesinitiative wird. Wir hatten nur die Möglichkeit, einzelne Abgeordnete anzusprechen. Die weiteren Schritte im Bundestag in den Fraktionen entzogen sich unserem Einfluss.[48]

Ziel des LTB war keine Diskussionsveranstaltung nach dem Motto „Bürger fragen, Politiker antworten". Wir wollten einen Theaterabend mit den Szenen der Betroffenen im Mittelpunkt.

Ein Theater nicht nur für Privilegierte

In Deutschland gibt es relativ wenige Forumtheatergruppen, die vor Publikum spielen. Es existiert aber ein relativ großes Workshopangebot, um die Methoden des „Theaters der Unterdrückten" zu erlernen. Leider nehmen allerdings kaum Arme und Marginalisierte an den angebotenen Theaterworkshops teil. Es ist begrüßenswert, dass sich viele Menschen gesellschaftlich engagieren wollen und sich für soziale Gerechtigkeit interessieren. Offensichtlich geht dabei eine besondere Anziehung vom TdU aus, die gerade „bildungsbürgerliche Schichten" anspricht. Dagegen ist es ein großes Tabu, sich in unserer Gesellschaft als arm zu „outen". Für das LTB bestand also die Aufgabe, Betroffene zu finden, die sich in prekären Lebens- und Arbeitsverhältnissen befanden. Sie sollten Willens sein, über ihre Situation öffentlich zu sprechen und Theater zu spielen. Im wissenschaftlichen Diskurs ist es ziemlich schwer, eine eindeutige Definition von Armut für unsere Gesellschaft zu finden. Es gibt eine Reihe von Indikatoren, die mit Armut einhergehen, die einzeln betrachtet aber nicht in der Lage sind, die komplexe Lebenswirklichkeit der Betroffenen abzubilden. Für die Betroffenen selbst geht es, wenn sie ihre Armut beschreiben, nicht nur um ihre finanziellen Ressourcen, sondern zum Beispiel auch um biographische Wendepunkte, emotionale Belastungen, gesundheitliche Beeinträchtigungen. Die Lebenslagen setzen sich aus unterschiedlichen Faktoren zusammen, die gerade durch die Vielschichtigkeit schwer eindeutig gesellschaftlich zu fassen sind. Uns war klar, dass die Teilnahme von Menschen in prekären Lebenslagen ein wichtiger Faktor war, der über Erfolg und Misserfolg des Theaterprojektes entscheiden würde. Wie auch schon im

---

48 Im Oktober 2008 besuchten die Teilnehmerinnen des Projektes auf Einladung von Katja Kipping und Kornelia Möller (Linke) den Bundestag, um mit ihnen über Gesetzesinitiativen zu diskutieren, die die Fraktion der Linkspartei ins Parlament eingebracht hat. Auch der Bundestagsabgeordnete der Grünen Wolfgang Wieland lud die Gruppe im Dezember 2008 ins Parlament ein.

Vom Kieztheater zum Legislativen Theater Berlin

Kieztheater haben wir mit dem Legislativen Theater Berlin ein weiteres Projekt durchführen können, an dem nicht in erster Linie das privilegierte Bildungsbürgertum partizipierte. Wir hatten verschiedene Wege gefunden, um an die Zielgruppe des Projektes zu kommen. Geworben wurde an Orten, an denen sich hauptsächlich arme Menschen aufhalten. So verteilten wir Informationsmaterial an den Ausgabenstellen der Berliner Tafel[49] und in Einrichtungen der Kirche, die aktiv versuchen, Armut zu lindern. Die politisch Aktiven erreichten wir unter anderem über Mailinglisten von Initiativen, die sich gegen die Hartz IV-Gesetzgebung richten.

Da es uns, neben der Hartz IV-Problematik auch um die Situation von prekär Beschäftigten, wie zum Beispiel Freiberuflerinnen ging, nahmen wir Kontakt zur Dienstleistungsgewerkschaft ver.di auf und schalteten Kleinanzeigen im Stadtmagazin „Zitty" und der Berliner Tageszeitung „Taz".

Über die Vorfeldberichterstattung in den Printmedien wurden weitere potentielle Teilnehmer auf unser Projekt aufmerksam. Wir führten zwei Infoabende im Nachbarschaftshaus Urbanstraße durch, um Interessierten das Projekt vorzustellen.

Vertrauen als Basis des Lebens und des Spiels

Aufgrund der begrenzten finanziellen Rahmenbedingungen für das Projekt hatten wir nur zwei Wochenenden, um die Forumtheaterszenen zu entwickeln. Eine große Hilfe war ein Freiwilligenteam, das uns während der Wochenenden und Auftritte unter-

---

[49] Die Berliner Tafel e.V., als gemeinnützige Organisation in Berlin gegründet, ist die älteste Tafel Deutschlands. Seit 1993 sammeln die Mitglieder, Helferinnen und Helfer der Berliner Tafel e.V. gespendete Lebensmittel und geben sie an soziale und karitative Einrichtungen in der Hauptstadt weiter. Mehr Infos auf www.berliner-tafel.de.

stützte.⁵⁰ Schwerpunkt des ersten Wochenendes war, ein Vertrauensverhältnis in und zur Gruppe aufzubauen. Die Menschen sollten Gelegenheit haben, der Gruppe ihre persönlichen Erfahrungen und das Leid, das ihre Lebenssituation zwangsläufig mit sich bringt, mitzuteilen.⁵¹ Ein Teilnehmer der Abschlussrunde des ersten Wochenendes fand klare Worte der emotionalen Betroffenheit, indem er sagte, ihm sei dieses Wochenende sehr nahe gegangen, er sei keine Teflonpfanne, an der alles abperlt.

Mit Hilfe des „Statuen/Bildertheaters"⁵² näherte sich die Gruppe dem Thema an. In Kleingruppen wurden „Bilder gestellt". Als Vorgaben hatten wir Begriffe gewählt wie Bewilligungsbescheid, Arbeitsvertrag, leere Haushaltskasse, Sehnsucht, Mangel, Unsicherheit, Zukunftsangst, Stulle und Sozialticket. An dem Wochenende selbst unterschieden wir bei der Entwicklung des „Embryos"⁵³ zwischen Austausch (Sharing) und Auswahl der Szenen (Choice). Es war uns wichtig, den Teilnehmern genügend Raum zu geben, ihre Erfahrungen mitzuteilen ohne gleich eine Szene daraus entwickeln zu müssen.

Wir bildeten als erstes Zweiergruppen, die sich gegenseitig eine Geschichte aus ihrem Leben erzählten. Die Vorgabe war, dass die Geschichte etwas mit ihren Erfahrungen zu Armut und prekärem Leben zu tun haben sollte. Danach begann in der Zweiergruppe der Auswahlprozess für die Entwicklung einer Forumtheaterszene. Aus den zwei Erzählungen wurde eine Geschichte ausgewählt, die für eine Forumtheaterszene und eine Aufführung im Rahmen eines Legislativen Theaters geeignet erschien. Mit dieser Geschichte ging dann die Zweiergruppe zu einer anderen Zweiergruppe, die ebenso eine Geschichte mitbrachte, beide schlossen sich zusammen zu einer Vierergruppe. In diesen Gruppen wurden die zwei ausgesuchten Geschichten wieder erst erzählt (Sharing) und danach im zweiten Schritt aus den zwei Geschichten eine für das „Embryo" herausgesucht (Choice). Danach entwickelten die Vierergruppen „Embryos", die sie dann der Gesamtgruppe zeigten.

Diejenigen Geschichten, die nicht für die Entwicklung einer Forumtheaterszene ge-

---

50 Ohne die Hilfe der Freiwilligen hätten wir das Projekt nicht so professionell durchführen können. Dank an Dr. Özge Tomruk, Daniela Berner, Hanna Schmidinger, Malte Klimmek. Sarah Widany, David Kozlowski und die Freiwilligen aus dem Nachbarschaftshaus: Dieter Volkmann und Maria Krause, die für uns gekocht haben. Die Agentur Bildwechsel aus Berlin hat uns kostenlos ihre Grafik für unsere Website zur Verfügung gestellt. Dank an Sandy Kaltenborn.

51 Das Theater der Unterdrückten ernst zu nehmen, bedeutet sich dem Leid zu stellen. Und Leid bedeutet, dass auch Emotionen im Raum sind. Es kommt häufiger vor, dass Menschen weinen, wenn es im Prozess um reale Lebenserfahrung geht. Das Weinen kann auch eine Form von Befreiung sein und muss zugelassen werden.

52 Im Statuen Bildertheater werden mit körperlichem Ausdruck ohne Verbalisierung Bilder erzeugt, vgl. Boal: „Theater der Unterdrückten", 1989 Frankfurt a. Main

53 Augusto Boal nennt den ersten Entwurf einer Forumtheaterszene „Embryo". Mit Probentechniken wird dann an der Szene bis zur Aufführung weitergearbeitet. Vgl. Harald Hahn: „Probentechniken im Forumtheater" in: Theater Macht Politik, (Hg) Simone Odierna und Fritz Letsch, Gauting 2006.

nutzt wurden, hielten wir auf Papier fest. In solch einem Prozess ist es notwendig, zu betonen, dass alle erlebten und erzählten Geschichten gleichwertig und gleich wichtig sind.[54] Der Auswahlprozess bezog sich auf den Theaterabend mit dem Ziel, geeignete Szenen für das Legislative Theater zu finden. Damit sollte keine Wertung über Personen ausgesprochen werden, deren Erfahrungen „wertvoller" oder „passender" erschienen. Es ging darum, unsere Entscheidungen für oder gegen eine Szene als Gestaltungsaufgabe deutlich zu machen, die getroffen werden musste. Dabei wollten wir die „Embryos" aus einer großen Bandbreite von Lebenserfahrungen und Szenen auswählen. Im Umkehrschluss hieß das, auch eine größere Anzahl von Erfahrungen nicht bearbeiten zu können. Es gab sehr viele Geschichten, in denen es um Macht und Ohnmacht ging. Sehr viele Menschen aus der Gruppe fühlten sich der Arbeitsagentur in vielen Situationen ausgeliefert. In mehreren Szenenentwürfen ging es um den Bereich Weiterbildung. In einer Szene wurde eine Weiterbildungsmaßnahme nicht genehmigt, obwohl es einen Ermessungsspielraum des Sachbearbeiters gegeben hätte. Auch die fehlende Einarbeitung in die „1-Euro-Jobs" wurde angesprochen. Im Bereich der Freiberuflichkeit gab es einen Einblick in die Situation einer Teilnehmerin, die sich mit ihrem eigenen Blumenladen hoch verschuldet hatte und ihren Laden aufgeben musste. Für großes Entsetzen im Workshop sorgte ein Szenenentwurf, in dem das Sozialamt sich weigerte, die Beerdigungskosten für ein verstorbenes Kind zu übernehmen.

Im Rampenlicht

Als die Besucher den Theatersaal betraten, konnten sie am Bühnenrand auf einer großen weißen Leinwand eine Bildpräsentation sehen. Es waren Fotos aus dem Workshopprozess, die der Fotograf Peter Steudtner[55] ehrenamtlich für uns aufgenommen hat. Nachdem das Publikum Platz genommen hatte, gab der Gitarrist Ben Fiedler ein musikalisches Intro. Der Blick der Zuschauerinnen war auf die Bühne gerichtet, doch der Abend begann überraschenderweise im Publikum. Die Teilnehmerinnen und Teilnehmer des Workshops saßen auf Plätzen verstreut zwischen den Zuschauern. Sie standen nacheinander von ihren Plätzen auf und trugen persönliche Sätze vor, die sie zwischen den Probenwochenenden geschrieben hatten: „Ich bin lebendiger denn je und das ist gefährlich für die Verhältnisse"; „Arm trotz Arbeit! In einer Wohlstandsgesellschaft! Wo bleibt da die Gerechtigkeit?"; „Kann ich meine

---

[54] Der Prozess der Auswahl zur Entwicklung von Forumtheaterszenen stammt von dem Joker Claudete Felix vom Zentrum des „Theaters der Unterdrückten" in Rio de Janeiro. Sie gab im Jahre 2000 im Rahmen des Projektes „Szenen Verändern – Joker aus Rio unterwegs" Forumtheaterworkshops in Deutschland.
[55] Peter Steudtner ist Trainer für gewaltfreie Konfliktbearbeitung, Fotograf und Fotopädagoge. Sein Anliegen ist es, immer wieder intensiv in Projekten aus der teilnehmenden innenperspektive direkte und dichte Fotos zu machen und diese wieder in Gruppenprozesse hineinzugeben. www.panphotos.org

Hartz IV-Bekannte fragen, ob sie mit ins Kino kommt?"; „Im Regelwerk von Hartz IV vermisse ich den Duft von Coco Chanel". Nachdem sie die Sätze gesprochen hatten, gingen sie auf die Bühne. Als alle Schauspielakteure auf der Bühne standen, sprach der Geschäftsführer des Nachbarschaftshauses, Matthias Winter, ein Grußwort. Anschließend erklärte ein aus Österreich kommender Teilnehmer in seinem Wiener Akzent, was das Publikum erwartet. Ähnlich wie bei den Kiezttheaterabenden, bei denen wir unsere „Sendung mit der Maus"[56] einsetzten, um die Spielregeln des Forumtheaters zu erläutern, wählten wir auch im Legislativen Theater Berlin eine szenisch dargestellte Erklärung des Ablaufs des Abends. Der Ablauf des legislativen Theaterabends wurde dem Publikum in einer grotesken Szene veranschaulicht und in verkürzter und beschleunigter Form dargestellt. Zunächst wurden die Akteure des Abends von den Teilnehmerinnen des Workshops auf der Bühne gemimt. Sie spielten Publikum, Darsteller, Rechtsanwältin, Politiker, Moderator. Danach stellten sie den Ablauf symbolisch dar. In der gespielten Szene stößt das Gesetz symbolisch mit dem Betroffenen zusammen und drängt ihn zu Boden.

Anschließend wurde eine Intervention simuliert. Jemand aus dem „Publikum" übernahm die Rolle des Betroffenen und überlistete das Gesetz. Es folgte eine in Gromolo[57] ironisierte Diskussion. Der Moderator befragte Publikum und Darstellerinnen zur Szene, holte sich Informationen zur Gesetzeslage bei der Rechtsanwältin und diskutierte dann mit den Politikern.
Nach einem kurzen Warming Up[58] von Jens Clausen mit dem Publikum ging es in die Szenen: Wir hatten eine Teilnehmerin, die in einem Call Center arbeitete. Sie erzählte von ihren Arbeitsbedingungen: Sie musste rund 150 Anrufe pro Tag absolvieren und verdiente mit ihrer halben Stelle weniger als 900 Euro brutto. Dies nahmen wir zum Anlass, eine Forumtheaterszene im Call Center zu entwickeln, um dem Publikum einen Einblick in diese Arbeitswelt zu geben.

---

56 Die „Sendung mit der Maus" wird ausführlich im Handwerkszeug dargestellt.
57 Gromolo ist eine Fantasiesprache.
58 Auch für das Legislative Theater hielten wir ein kurzes Warmup für unentbehrlich. Wir wollten unbedingt eine Erwartungshaltung, die in einem Theater mit Guckkastenbühne wie dem Saalbau entsteht, mit einer kurzen Sequenz unterbrechen. Die Zuschauer sollten aus einer skeptischen, abwartenden Betrachterposition herausgeholt werden. Gleichzeitig wollten wir den Anschein einer „sinnfreien Animation" ebenso vermeiden, denn das Thema und der Rahmen waren sehr ernst. Deshalb wurde das Publikum aufgefordert im Falle einer technischen Panne auf ein „geheimes Handzeichen" der Moderation hin zu applaudieren, um den Akteuren „trotz Panne" Mut zu machen. Dieser Ablauf: Handzeichen – Applaus – Handzeichen – Applaus – Ende wurde mit dem Publikum eingeübt. Die Aktivierung machte Sinn und reichte aus, um das Publikum aus der Routine eines konventionellen Theaterbesuchs herauszuholen.

Funny Phone, die lustigste Flatrate der Stadt:
Zu Beginn der Szene hört das Publikum drei gestresste Mitarbeiterinnen im Call Center telefonieren. *„Für 34,95 Euro können sie so viel telefonieren und surfen wie sie wollen"*, oder *„Sie sprechen nur Griechisch?"* sowie *„Solche Sachen entscheidet ihr Mann? Das macht doch nichts, wir wenden uns zu einem späteren Zeitpunkt wieder an sie."* Im Laufe der Szene wird deutlich, dass die drei Mitarbeiterinnen im Call Center unterschiedlich bezahlt werden. Den geringsten Verdienst hat die fest angestellte Frau Naumann mit 4.50 Euro die Stunde. 50 Cent mehr pro Stunde bekommt Frau Müller, die einen befristeten Arbeitsvertrag hat. Die Studentin Frau Petersen hat den höchsten Stundenlohn von 6 Euro. Zusätzlich zum Lohn erhalten die Call Center-Frauen beim Abschluss eines Vertrags noch eine Provision. Als Antagonistin der Szene fungiert Frau Salem, die Chefin des Call Centers. Während die Frauen telefonieren, kommen Herr Schmidt, ein Bewerber, und Frau Roth, die vom Jobcenter zwangsverpflichtet zur Trainingsmaßnahme in das Call Center geschickt wurde, auf die Bühne. Die Chefin führt die beiden durch die Arbeitsräume und preist ihr Call Center an: *„Hier erwarten sie ergonomische und hochmoderne Arbeitsplätze"* und *„Vielleicht gehören sie auch bald zu unseren topgeschulten Powersellern."*
Es wird augenfällig, dass Frau Salem gegenüber Herrn Schmidt sehr aufgeschlossen und freundlich agiert, während sie Frau Roth eher widerwillig und missmutig durch die Räumlichkeiten führt. Nachdem Herr Schmidt und Frau Roth die Bühne verlassen haben, führt die Chefin Kontrollgänge durch. Sie maßregelt die Studentin, weil sie am Arbeitsplatz ein Getränk zu sich nimmt und bittet Frau Müller, die Frau mit dem befristeten Arbeitsvertrag, in ihr Büro, weil sie mitbekommen hat, wie sie einem potentiellem Kunden am Telefon lediglich kostenloses Informationsmaterial versprochen hatte, anstatt auf einem Vertragsabschluss hinzuarbeiten.
Frau Müller ist alleinerziehende Mutter und hat Angst, dass ihr Arbeitsvertrag nicht verlängert wird. Die Chefin setzt ihr die Pistole auf die Brust und teilte ihr mit, dass ihr Vertrag nicht verlängert werde, wenn sie in den nächsten Tagen nicht fünf Abschlüsse mache. Nach der Rückkehr von Frau Müller an ihren Arbeitsplatz unterhalten sich die Frauen über ihren Stundenlohn und ihre unterschiedlichen Arbeitsverträge. Es herrscht eine unterschwellige Konkurrenz zwischen den Frauen. Als Frau Naumann von der Toilette wiederkommt, zischte die Chefin sie an: *„Sie waren jetzt schon drei Mal in zwei Stunden auf der Toilette. Halten sie ihre Sextanerblase im Griff."* Gegen Ende der Szene macht die Studentin nochmals den Versuch, mit den Kolleginnen ins Gespräch zu kommen. Sie fragt, ob sie Lust hätten, mit ihr einen Kaffee zu trinken. *„Der Kaffee wäre zu teuer"*, wird ihr entgegnet und als sie daraufhin den Vorschlag macht, sich privat zu treffen, gehen die beiden Frauen nicht darauf ein. Frau Naumann sagt, dass sie keine Zeit habe, *„weil sie noch Lebensmittel bei der Berliner*

Tafel abholen müsse" und Frau Müller verneint mit der Begründung, dass sie *„noch einen Zweitjob als Putzfrau hätte"* und einfach keine Zeit für ein Treffen.
Erfahrungen aus dem Kieztheaterprojekt aufnehmend, begannen wir nach der Spielszene als erstes einen Dialog mit dem Publikum über die Szene. Dies war nicht mit der Aufforderung verbunden, die Szene theatralisch zu verändern. Der Joker fragte, ob sie die Szene denn als realistisch einschätzen würden, was einige nachdrücklich bestätigten. Wir waren sehr überrascht, wie viele Menschen im Publikum schon in einem Call Center gearbeitet hatten. Einige teilten öffentlich ihre Erfahrungen mit. Ein ehemaliger Mitarbeiter eines Call Centers bescheinigte der Szene eine große Authentizität, er habe nur mehr Geld verdient als in der Szene dargestellt wurde, aber die gespielten Arbeitsbedingungen seien ihm vertraut. Es gab auch eine Wortmeldung von einem Studenten, der bereits als Schüler im Call Center gejobbt hatte. Für ihn war es eine gute Arbeitsgelegenheit, weil er nach seiner Aussage mit Zuschlägen auf 16 Euro die Stunde kam. An dieser Stelle kam dann ein spontaner Zwischenruf, ob wir das Statement des jungen Herrn inszeniert hätten. Dem war natürlich nicht so, sondern es war ein gelungener Beweis, für ein lebendiges und kontroverses Forumtheater. Nach den Statements aus dem Publikum ging der Joker zu den Spielfiguren, beschrieb noch mal die unterschiedliche Stellung der Mitarbeiterinnen in der Firma und befragte anschließend wiederum das Publikum. Ein Mann meldete sich und sagte, man müsste Öffentlichkeit herstellen. Eine Minute später befand er sich mit großem Applaus auf der Bühne. Am Anfang seiner Intervention irritierte er uns, weil er keine Schauspielerin auswechseln wollte, sondern einfach in der Szene mitspielen wollte. Wir haben ihm diesen Wunsch gestattet, weil auf der Bühne alles möglich sein sollte. Da es uns in erster Linie um das Theaterspiel geht, ist es vollkommen in Ordnung, wenn ein Zuschauspieler nicht austauscht, sondern als eigenständige Spielfigur zur Spielsituation hinzukommen möchte. Jegliche Starrheit zerstört Spontaneität und Spielfreude. Beides wollen wir aber fördern. Mit seiner Intervention versuchte er, die Beschäftigten dazu zu bewegen, ein Flugblatt zu unterschreiben. Mitten im Gespräch kam die Chefin dazu und nach einem kurzen Wortwechsel gab sie ihm die Erlaubnis, kurz mit den Mitarbeiterinnen zu sprechen, mit der Bitte, dass er doch aber anschließend in ihr Büro kommen solle. Sehr schlagfertig reagierte der Zuschauspieler, indem er sagte: *„Ich komme sehr gerne ins Büro, nehme dann aber den Kollegen vom Betriebsrat mit."* Ebenso schlagfertig reagierte die Studentin, indem sie in die Runde fragte: *„Wir haben ein Betriebsrat?"* Die Intervention endete mit seinem Vorschlag an die Mitarbeiterinnen, sich im Cafe Kuchenkaiser in Kreuzberg zu treffen. Im anschließenden Interview erzählte der Zuschauspieler, dass er jahrzehntelang Betriebsrat in Düsseldorf war.

Der 1-Euro-Job:
In der zweiten Forumtheaterszene griffen die Teilnehmer ein aus ihrer Sicht großes Problem auf – das Ausgeliefert sein gegenüber der Arbeitsagentur. Sehr viele Teilnehmerinnen des Legislativen Theaters fühlten sich ungerecht behandelt und hatten den Eindruck, dass die Fallmanager ihren Spielraum nicht zu ihren Gunsten auslegten. Ein weiterer Punkt der Empörung waren MAE-Stellen.[59] Viele fühlten sich gezwungen, MAE-Stellen anzunehmen, die nicht ihrer Qualifikation entsprachen.

Die Szene hatte zwei Teile: Im ersten Teil möchte die Protagonistin, Frau Meister, Bildungsgutscheine zur Weiterqualifizierung als Sozialmanagerin von ihrer Fallmanagerin Frau Timm, der Antagonistin der Szene im Jobcenter, haben. Ihre Freundin hatte diese Qualifizierungsmaßnahme in einem anderen Jobcenter bewilligt bekommen und daraufhin wieder eine Stelle auf dem ersten Arbeitsmarkt gefunden. Dasselbe erhofft sich nun auch Frau Meister. Sie ist 50 Jahre alt, Erzieherin und seit zwei Jahren erwerbslos. Wie im Forumtheater üblich, scheitert die Protagonistin mit ihrem Anliegen.[60]

Frau Timm, ihre Fallmanagerin, glaubt nicht, dass sich die Weiterbildungsmaßnahme bei Frau Meister lohnen würde. Stattdessen möchte sie, dass Frau Meister ein Bewerbertraining absolviert. Frau Meister, die schon mehrere Trainings absolviert hat, ist ein wenig frustriert und beschreibt prägnant, wie sich die Situation für ältere Arbeitssuchende anfühlt. Sie haben häufig den Eindruck, nicht mehr gefragt zu sein: *„Auf dem Markt werden die schnellen, die schönen, die flexiblen jungen Menschen eingestellt"*, erzählt sie dem Publikum.

Frau Timm legt Frau Meister nahe, eine MAE-Stelle beim Träger Kinderglück e.V. anzunehmen. Erst zögert Frau Meister, aber als Frau Timm mit Leistungskürzung droht, unterschreibt sie die Eingliederungsvereinbarung. Danach bekommt sie im Kindergarten Kinderglück einen 1-Euro-Job zugewiesen.

Der zweite Teil der Szene begann im Kindergarten: Frau Meister und ihre Kollegin Monika, ebenfalls eine MAE-Kraft in der Einrichtung, müssen Stühle für den Elternabend aufstellen. Die Anweisung kommt vom Hausmeister, Herr Trostpflästerle. Während des Aufstellens kommen die beiden Frauen ins Gespräch und es stellt sich heraus, das Monika von ihrer MAE-Stelle auch ziemlich frustriert ist: *„Ich wollte meinen Schulabschluss nachholen und jetzt rücke ich Stühle von einer Ecke zur anderen."* Monika klärt Frau Meister auf, dass es bei einer MAE-Stelle weder einen bezahlten Urlaub noch eine Lohnfortzahlung im Krankheitsfall gibt. Als der Hausmeister wie-

---

[59] Die MAE-Stellen (Mehraufwandsentschädigung) sind die sogenannten 1-Euro-Jobs. Die MAE-Kräfte tauchen nicht in der Arbeitslosenstatistik auf. Kritiker gehen davon aus, dass sie zunehmend reguläre Arbeitsstellen verdrängen.

[60] Ohne das Scheitern würde es keinen Konflikt geben, deshalb ist es zentral im Forumtheater, dass Konflikte sichtbar werden. Ohne Konflikt gibt es kein Forumtheater.

der zurückkommt, konfrontieren die Frauen ihn mit seiner eigenen Verstrickung innerhalb der Arbeitsstelle. Aber er ist auf die Arbeitshilfe der MAE-Kräfte angewiesen, weil eine Hausmeisterstelle weggekürzt wurde. Auf den Vorwurf: *„Du machst ja da doch mit!"* reagiert er gereizt. Die Szene endet mit dem wütenden Satz des Hausmeisters: *„Jetzt bin ich auch noch an allem Schuld!"*

Die 58er-Regelung
Am Ende der Spielszenen griffen wir den Wunsch einer Teilnehmerin aus den Wochenendworkshops auf. Sie wollte dem Thema Altersarmut ein Forum geben. Da wir aber schon zwei Forumtheaterszenen hatten, entschlossen wir uns, das Thema nicht als Forumtheaterszene, sondern als Spielszene aufzuführen und direkt mit den Politikern und der Rechtsanwältin darüber zu diskutieren.

Marga, über 60 Jahre alt, nimmt die so genannte 58er-Regelung[61] in Anspruch. Sie möchte sich ihre Lebensversicherung auszahlen lassen und ihre Freundin Susanna zu einem sechswöchigen Urlaub in Griechenland einladen. Die Versichertenälteste,[62] in der Spielszene gibt ihr allerdings zu verstehen, das dies nicht geduldet werden würde: *„Sechs Wochen Griechenlandurlaub sind keine angemessene Lebensweise für Hartz IV-Empfängerinnen."* Die Versichertenälteste zitiert den dazugehörigen Gesetzesparagraphen SGB XII: *„Keinen Anspruch auf Grundsicherung im Alter haben Personen, die in den letzten zehn Jahren ihre Bedürftigkeit vorsätzlich oder grob fahrlässig herbeigeführt haben."* Marga meint, sie sei halt ehrlich erzogen worden und hätte die Lebensversicherung beim Amt angegeben. Leider muss sie nun die Erfahrung machen, dass sich Ehrlichkeit nicht auszahlt. Die Szene endet mit dem ironischen Vorschlag ihrer Freundin Susanna: *„Was hältst du von einem One-Way Ticket?"*

Berlin ist nicht Rio de Janeiro – Der erste Schritt ist gemacht.
Einen Theateransatz auf Deutschland zu übertragen, der unter ganz anderen politischen Rahmenbedingungen in Brasilien entwickelt wurde, ist schwierig. Die Gefahr des Scheiterns ist groß. Wir starteten ein erstes Experiment unter dem Namen Legislatives Theater Berlin,[63] in dem Bewusstsein, dass es keine Kopie des brasilianischen Konzeptes eines Legislativen Theaters, sondern etwas eigenständiges sein sollte. Wir haben in Deutschland keinen Theatermacher wie Augusto Boal unter den Bundestagsabgeordneten. Er hatte ein Mandat im Senat der Stadt Rio de Janeiro und konnte somit direkt Vorschläge aus seinen Legislativen Theaterprojekten in das Stadtparlament einbringen.[64] Auch die sozialen Bewegungen in Deutschland sind zahlenmäßig nicht so ausgeprägt und institutionell verankert wie in Brasilien.[65] Augusto Boal konnte in seinem Heimatland auf eine Vielzahl von Forumtheatergruppen zurückgreifen, um das Legislative Theater zu entwickeln.

---

[61] Arbeitslose, die mindestens 58 Jahre alt sind, hatten im Rahmen der sogenannten „58er-Regelung" die Möglichkeit, weiterhin Arbeitslosengeld zu beziehen, ohne aber dem Arbeitsmarkt tatsächlich weiter zu Verfügung zu stehen. Wer von dieser Regelung Gebrauch macht, ist dann aber verpflichtet zum frühest möglichen Zeitpunkt in Rente zu gehen, an dem dies ohne Abschläge möglich ist.

[62] Versichertenälteste sind für die Rentenversicherungsträger ehrenamtlich tätig. Ihre Aufgabe ist es, den Versicherten vor Ort beim Ausfüllen von Formularen der Rentenversicherung behilflich zu sein. Sie stehen für Fragen zur Rentenversicherung zur Verfügung und sind berechtigt, Leistungsanträge entgegenzunehmen.

[63] Die Schwierigkeit ist, wie man ein Projekt nennt, das vom Legislativen Theater aus Brasilien inspiriert worden ist, aber nicht so stattfindet wie in Brasilien. Die Erwartung steht im Raum, dass das Konzept genauso wie in Brasilien übernommen wird. Das haben wir nicht gemacht, aber wenn wir einen anderen Namen gewählt hätten, hätte es für heutige Theatermacherinnen, die mit der Materie vertraut sind, einen schalen Beigeschmack gegeben, weil wir die Grundidee von Augusto Boal übernommen haben.

[64] Wer mehr über das Legislative Theater in Brasilien erfahren möchte, dem empfehlen wir das Buch unseres Kollegen Till Baumann: „Von der Politisierung des Theaters zur Theatralisierung der Politik – Theater der Unterdrückten im Rio de Janeiro der 90er-Jahre", ibidem-Verlag Stuttgart 2001.

[65] So sind in der Landlosenbewegung „Movimento dos Trabalhadores Rurais Sem Terra" (MST) rund 1,5 Millionen Aktivisten organisiert.

Wir wollten an dem Aufführungsabend keine Verfahren durchführen, wie auf einem Parteitag einer politischen Partei, wo verschiedene Anträge eingebracht und zur Abstimmung gestellt werden. Unserem Verständnis von parlamentarischer Demokratie und den Mechanismen der politischen Willens- und Meinungsbildung entsprechend versuchten wir, die Möglichkeiten auszuschöpfen, die uns zur Verfügung standen. Unser Instrumentarium bestand aus einer zweistündigen öffentlichen Theaterveranstaltung. Wir wussten, dass an den Aufführungen Abgeordnete des Bundestages teilnehmen, was der Veranstaltung eine höhere Aufmerksamkeit verschaffen würde. Die politischen Ergebnisse dieser Veranstaltung würde man aber in aller Verhältnismäßigkeit bewerten müssen. Jede Positionierung des Publikums hinsichtlich einer gesetzlichen Änderung wäre über den Charakter eines Thesenpapiers nicht hinausgekommen. Weder könnten die Politiker eine verbindliche Zusicherung der Umsetzung machen, noch ist innerhalb unseres parlamentarischen Systems eine Gesetzesinitiative allein durch einen einzelnen Abgeordneten möglich.[66] Dabei muss man auch jeweils die parlamentarischen Mehrheitsverhältnisse berücksichtigen. Gegenüber dem Publikum wäre es falsch gewesen, irgendeine Art von Verbindlichkeit vorzugaukeln. Es blieb für uns die Frage, was der legislative Kern der Veranstaltung sein könnte.

Ein wichtiges Element war zum einen die persönliche Anwesenheit von Politikerinnen als Repräsentanten des parlamentarischen Systems. Die Inhalte des Abends würden also von „Verantwortlichen" gehört werden. Auf der anderen Seite standen die Betroffenen, die Experten des Alltags, welche die Bühne als Sprachrohr ihres Anliegens nutzen konnten. Das dritte Element des Abends war das Publikum, das mit seinen Interventionen und Statements zur Szene eigene Erfahrungen und Meinungen beisteuern konnte. Angesichts unserer begrenzten Möglichkeiten konnte es zunächst nur darum gehen, Öffentlichkeit zu erzeugen und mit Hilfe unseres methodischen Ansatzes für eine ungewöhnliche Art und Weise der Begegnung und des Diskurses zu sorgen. Es ging nicht um die Formulierung und Abstimmung gesetzgeberischer Vorschläge, sondern darum, einem interessierten Forum die Frage zu stellen, welche Vorstellungen von legislativen Veränderungen prekärer Lebenslagen bestehen. Die Beiträge des Publikums liefen nicht ins Leere, sondern erhielten eine unmittelbare Rückmeldung durch die Vertreter des Bundestages. Wir wollten die Möglichkeit schaffen, allen Gesetzesänderungsvorschlägen des Publikums Raum zu geben. Denn das Ungewöhnliche an unserem Vorhaben war, die Frage nach gesetzgeberischen Ideen nicht den Fachleuten und Politikern zu überlassen, sondern sie den ganz

---

[66] Bei dem Bundestagsbesuch erläuterte Katja Kipping das Verfahren der Gesetzgebung der LTB Gruppe. Zunächst wird im Fachausschuss beraten und abgestimmt, ob ein Gesetzesvorschlag in die Fraktionssitzung gegeben wird. Dort wird noch einmal darüber abgestimmt, bevor es in die Beratung ins Parlament geht.

normalen Bürgerinnen zu stellen. So entstand ein Spannungsverhältnis zwischen den von gesetzlichen Regelungen besonders Betroffenen zu den von Mandatsträgern vertretenen politischen Konzepten. Auch Menschen, die sich eventuell nicht trauen, in so einer großen Theaterveranstaltung das Wort zu ergreifen, wollten wir die Möglichkeit geben, sich zu äußern.

Als Instrumentarium der Meinungsäußerung wählten wir neben der Möglichkeit, sich zu Wort zu melden und in die Szenen einzugreifen, Karteikarten zur Ideen- und Meinungssammlung. Wir verteilten Karteikarten im Saal und die ZuschauerInnen konnten ihre Vorschläge auf die Karteikarten schreiben. Diese wurden eingesammelt und auf der Projektwebseite www.legislatives-theater.de veröffentlicht.[67] Auch allen Bundestagsabgeordneten wurden die Vorschläge übermittelt.

Im Nachhinein betrachtet war der kritische Punkt der Veranstaltung der Spagat zwischen der Partizipation des Publikums und dem Raum, den die Parlamentarier bekommen sollen.

Wir waren der Ansicht, dass es sehr schwer sein würde, Spitzenpolitikerinnen als Gäste zu gewinnen, wenn sie nur ein einziges Statement am Ende der Veranstaltung abgeben könnten. Wir mussten also in irgendeiner Form eine gleiche Verteilung der Anteile für Theaterszene, Publikum und Politik bewerkstelligen. Es ist uns gelungen, den ehemaligen Justizsenator von Berlin und Bundestagsabgeordneten von Bündnis90/Die Grünen, Wolfgang Wieland, die stellvertretende Bundesvorsitzende und Bundestagsabgeordnete der Linkspartei, Katja Kipping, und ihre Parteikollegin, die

[67] Auf der Website sind die Vorschläge des Publikums immer noch einsehbar.

arbeitsmarktpolitische Sprecherin der Fraktion der Linken im Bundestag, Kornelia Möller, für die Aufführungen zu gewinnen. Für die Diskussion mit den Abgeordneten und der Rechtsanwältin hatten wir einen eigenen Zeitblock vorgesehen. Dies kritisierten einige im Publikum, sie empfanden, dass die Politiker zu viel Raum einnahmen.
Während der Kontroverse zwischen den Standpunkten der Grünen und Linken war es schwierig, den von uns vorgegebenen Zeitrahmen einzuhalten. Die Grünen wurden aus dem Publikum massiv kritisiert, mit dem Argument, sie hätten die „Hartz IV-Gesetze" mit verabschiedet. Den Linken wurde der Vorwurf gemacht, sie wären nur so radikal, weil sie in der Opposition sind. In Berlin, wo sie mitregieren, würden sie auch Sozialabbau betreiben.
Der zweite Abend, an dem Kornelia Möller (Linke) die einzige Abgeordnete war, bot mehr Zeit für tiefer gehende inhaltliche Argumentationen. Wieder waren die Themen „Bedingungsloses Grundeinkommen" und „Stellenwert von Arbeit im Leben" sehr stark präsent. Kornelia Möller gab ein Statement ab, in dem sie sagte, dass sich die meisten Menschen über ihre „gute Arbeit" definierten. Dem müsse man Rechnung tragen. Dieses Statement wurde von dem Joker gleich ins Publikum getragen, indem er Menschen in den Sitzreihen dazu befragte. Die Reaktionen waren sehr unterschiedlich und ohne eine eindeutige Tendenz. Einer sagte, er sei arbeitslos und wolle auch keine Arbeit, sondern bevorzuge eher das bedingungslose Grundeinkommen. Er könne sich vorstellen, auch ohne Arbeit kreativ zu sein. Eine andere Zuschauerin wiederum unterstützte Frau Möllers Position indem sie sagte, dass ihre freiberufliche Tätigkeit ihr viel Spaß mache und sie sich über ihre Tätigkeit definiere.
Dies ist ein gutes Beispiel, wie man aus dem Dualismus zwischen Moderation und Gast herauskommt und das Publikum mit einbezieht.[68]
Nach den Forumtheaterszenen und den Diskussionsrunden mit den PolitikerInnen kam der Zeitpunkt, an dem wir den anwesenden Abgeordneten die Frage stellten, was sie aus dem Abend ins Parlament mitnehmen wollen.
Die erste Frage war, wie groß der Spielraum für einzelne Abgeordnete ist. In unserem Verständnis von Legislativem Theater sollten auch die PolitikerInnen die Möglichkeit haben, den Zuschauerinnen zu erklären, wie politische Entscheidungsabläufe und die Gesetzgebung zustande kommen.[69] Katja Kipping erläuterte dem Publikum, dass es das Wichtigste sei, zuerst die eigene Fraktion zu überzeugen und den Gesetzes-

---

[68] Ein Problem der Moderation ist die Frage, wie man aus der Einwegkommunikation herauskommt. So kommt es zum Beispiel im Forumtheater häufig zu einer Ping-Pong-Moderation zwischen Joker und Publikum. Die Herausforderung bleibt das Aufbrechen dieser Kommunikationsstruktur. Vgl. dazu den Beitrag zur Jokerrolle in dem Buch.

[69] Eine Erkenntnis aus den Bundestagsbesuchen war, dass die Form der Gesetzgebung, wie Gesetze entstehen, im Aufführungsabend mehr präsent sein sollte, weil wir davon ausgehen, dass ein Großteil der Bevölkerung wenig Ahnung über den Ablauf der Gesetzgebung hat und gar nicht weiß, wie wenig Einfluss ein Abgeordneter in der politischen Realität hat.

entwurf fachlich prüfen zu lassen. Sie betonte, dass es ihr wichtig sei, diese Entwürfe nicht nur mit Politikern aus der Fraktion zu diskutieren, sondern auch mit Menschen die außerparlamentarisch politisch aktiv seien. Sie wolle Menschen zu Wort kommen lassen, die die Auswirkungen von Gesetzen am eigenen Leib erfahren. Außerdem gäbe es Anhörungen, in denen die Kompetenz der Praxis ein Gehör findet. Katja Kipping machte deutlich, dass bisher alle Anträge, die die Fraktion der Linken ins Parlament eingebracht hat, aus Prinzip von den Regierungsfraktionen abgelehnt worden sind. Dennoch finde sie, dass es nicht wirkungslos ist, was man angeschoben hat: *„Es ist erfreulich festzustellen, dass zumindest Teile der Forderungen (der Linken) von der Regierungskoalition aufgegriffen wurden. Wir haben zum Beispiel gefordert, dass als Instrument bei drohender Wohnungslosigkeit die Mietschulden übernommen werden, als Darlehen. Früher ging das sogar als Beihilfe. Wir haben Forderungen der Wohnungslosenhilfe aufgegriffen und in den Antrag eingebracht. Sie wurden zwar abgelehnt, aber im anschließenden Gesetzesverfahren war uns aufgefallen, dass plötzlich 50% unseres Antrags von der Koalition eingebracht wurden. (...) Meine Erfahrung war, immer dann wenn wir einen Antrag eingebracht haben und es parallel dazu draußen eine starke außerparlamentarische Bewegung gab oder eine Lobby für das Thema, und damit die Chance, Wählerstimmen zu bekommen, dann hatte man die Möglichkeit, innerhalb der Koalition etwas zu bewegen."*

Der Abgeordnete Wolfgang Wieland (Die Grünen), wies darauf hin, dass das klassische Arbeitsrecht auch eine Schutzfunktion habe. Darauf sollte man sich zurückbesinnen. Es sei notwendig, eine weitere Lockerung des Kündigungsschutzes zu verhindern, um zu mehr Arbeitsverhältnissen mit vollem arbeitsrechtlichen Schutz zu gelangen. Auf die Nachfrage, wie er dies denn am anderen Morgen im Parlament realisieren würde, antwortete er: *„Da haben sie wirklich eine falsche Vorstellung von unserer Arbeit: Wir haben jetzt Theater gespielt, dann müssen wir die Ergebnisse nur an zwei Leute delegieren und alles wird gut."*

Auf den Hinweis, er würde die Empfehlungen des Publikums auf Karteikarten erhalten, entgegnete er: *„Die Karteikarten nehme ich gerne mit. Auch alles was ich am heutigen Abend gehört habe und wir nicht auf der Pfanne haben, werde ich in die Gremien unserer Fraktion einbringen. (...) Was mich nicht überzeugt hat, ist das bedingungslose Grundeinkommen.*[70] *Da werde ich also auch nicht tätig werden. Es gibt aber genug andere in der Fraktion, die das favorisieren. Sie sind im Moment allerdings in der Minderheit. Wie gesagt: Gegen meine Überzeugung tue ich nie was, aber viele Punkte sind sehr nachdenkenswert. Über einige Punkte, wie die befristeten*

---

[70] Das Thema bedingungsloses Grundeinkommen wurde an den beiden Theaterabenden sehr kontrovers diskutiert. Auf der Website http://www.archiv-grundeinkommen.de/ befindet sich eine ausführliche Linkliste zum Thema.

Arbeitsverhältnisse, habe ich lange nicht mehr nachgedacht, da ist von Ihnen wirklich eine Anregung gekommen."

Trotz der vermeintlich geringen Möglichkeit, Einfluss auf den parlamentarischen Prozess auszuüben, hatten die anwesenden Abgeordneten ein aufrichtiges Interesse an einem Dialog. Dies zeigte auch die Einladung an die Projektteilnehmer zu einem Gegenbesuch in den Bundestag.[71] Verbesserungswürdig ist es, den Vorschlägen des Publikums eine nachhaltige politische Wirkung zu geben. Deshalb werden wir in Zukunft noch mehr als bisher zivilgesellschaftliche Akteure mit einbeziehen. Zum einen um die Impulse des Publikums mit politischen Initiativen von Nichtregierungsorganisationen zu verzahnen, zum anderen damit Vertreter von Nichtregierungsorganisationen oder Interessensgruppen ihre Fachkompetenz einbringen können. Das Ganze verpackt in einem theatralischen und unterhaltsamen Abend. Wir sind gespannt auf weiteres Legislatives Theater in Deutschland.

[71] Ein Fazit des Bundestagsbesuches war, dass die Teilnehmerinnen des LTB als „einfache" Bürger von der Politik ernst genommen wurden, denn die Abgeordneten nahmen sich mehrere Stunden Zeit, um über ihre Gesetzesinitiativen zu diskutieren. In den Abgeordnetenbüros vermutet man doch eher Lobbyisten denn Vertreter des Prekariats als Gesprächspartner. So waren diese Gegenbesuche im Bundestag zumindest auf der symbolischen Ebene ein Nachweis, dass auch prekarisierte Menschen Zugang zu Bundestagsabgeordneten haben können.

Handwerkszeug des Kieztheaters

Meine 5 Lieblingsspiele / Übungen im Kieztheater
Harald Hahn

Die folgenden Übungen sind nicht nur meine Lieblingsübungen im Kieztheater, sondern auch Übungen, die ich häufig in meinen TdU-Workshops einsetze. Da Vertrauen etwas ganz zentrales meiner theaterpädagogischen Arbeit ist, habe ich zwei Übungen zur Vertrauensbildung unter meinen Top 5 ausgewählt („Die Blase" und „Klangwald"). Eine weitere Übung („123" von Bradford) setze ich sehr gerne ein, um eine fehlerfreundliche Lernumgebung zu schaffen. Um die körperliche Ausdrucksfähigkeit zu schulen, arbeite ich sehr gerne mit „Complete the Image / Vervollständige das Bild". Als Abschlussritual im Kieztheater verwendeten wir „Die Blume", die ebenfalls zu meinen Lieblingsübungen gehört.

Die Blase (Eine Übung mit vier Personen)
Drei Menschen bilden einen kleinen Kreis. Sie fassen sich an den Händen. Eine vierte Person steht in der Mitte und hat die Augen geschlossen. Die anderen drei Personen, die den Kreis um die Person bilden, haben die Augen geöffnet. Wenn die in der Mitte stehende Person sich in Bewegung setzt, bewegen sich die anderen in die gleiche Richtung. Die Person in der Mitte kann sich sicher fühlen, weil sie von den anderen umgeben wird, wie von einer Blase. Wichtig ist, dass die Personen im Kreis stets einen Abstand zur Person in der Mitte einhalten. Nur wenn ein Hindernis kommt, spürt die Person die Hände der anderen Menschen.

Klangwald
Eine Person hat die Augen geschlossen, die andere Person führt sie mit einem Laut durch den Raum. Die eine Person gibt einen Ton vor. Sie sollte den Ton über einen längeren Zeitraum halten können. Die andere Person folgt diesem Ton mit geschlossenen Augen. Wenn sie keinen Ton mehr hört, bleibt sie sofort stehen. Wenn sehr viele Paare sich durch den Raum leiten, entsteht ein Klangwald mit unterschiedlichen Tönen und Geräuschen.

Neben dem Vertrauen ist die Fehlerfreundlichkeit ein wichtiger Bestandteil meiner theaterpädagogischen Arbeit. Es gilt, eine Atmosphäre zu schaffen, in der Menschen Fehler machen dürfen und Fehler nicht als etwas Schlimmes angesehen werden. Bei der folgenden Übung kommt es häufig vor, dass Fehler beim Einüben passieren. Deshalb ist diese Übung optimal geeignet, die theaterpädagogische Erfahrung zu machen, dass es vollkommen in Ordnung ist, Fehler zu machen.

123 von Bradford
In Zweiergruppen wird bis drei gezählt. Eine Person sagt eins, die andere zwei, dann die erste Person drei und dann beginnt die zweite Person wieder mit eins, die zweite mit zwei usw. Diese erste Stufe wird von den Zweiergruppen durchgespielt. Auf dieser Ebene kann es schon vorkommen, dass die ersten Fehler passieren. Im zweiten Schritt wird dann die eins ersetzt durch eine Bewegung und ein Geräusch. Zwei und drei bleiben als Zahl. Nun haben die Zweiergruppen Zeit, auch dies auszuprobieren. Danach wird auch die zwei durch Bewegung und Geräusch ersetzt und zum Ende auch noch die drei. Wenn man möchte, kann man nach dem dritten Durchgang eine kleine Präsentation der Zweiergruppen mit ihrer Choreografie von 123 von Bradford durchführen. Eine Übung, die garantiert immer Spaß macht.

Eine Übung die sehr gerne als Aufwärmübung des Statuen / Bildertheaters benutzt wird, ist „Complete the Image – Vervollständige das Bild". Um mit dem Körper Bilder darzustellen, braucht es eine körperliche Ausdrucksfähigkeit, die mit dieser Übung sehr geschult wird. Die verbale Sprache spielt in dieser Übung keine Rolle. Es geht nur um die körperliche Darstellung. Ich mag die energetische Atmosphäre sehr, die von dieser Übung ausgeht. Das konzentrierte Arbeiten und die aus dem Spiel heraus entstehenden Bilder erzeugen eine sehr angenehme ästhetische Atmosphäre, die zur Weiterarbeit zum Beispiel an Spielszenen nutzbar gemacht werden kann. Auch für die transkulturelle Bildungsarbeit ist diese Übung sehr gut geeignet, weil Menschen mit dieser Übung auch ohne verbale Kommunikation miteinander etwas kreativ gestalten können.

Complete the Image – Vervollständige das Bild
Zwei Personen geben sich die Hand und „frieren ein". Dann geht die eine Person heraus aus dem Bild. Die andere Person bleibt aber in ihrer starren Körperhaltung stehen. Die Person, die rausgeht, schüttelt kurz ihren Körper aus und schaut sich die verbliebene Statue an. Sie folgt ihrem Impuls, denkt nicht zu lange nach, sondern geht wieder mit einem anderen körperlichen Ausdruck in das Bild. Die Person verändert nicht die Statue, die noch in der Begrüßungshaltung dasteht, sondern nimmt in Beziehung zu ihr eine andere Haltung ein. Sie kann auch Körperkontakt aufnehmen, muss aber nicht. Nun sehen wir ein anderes Bild. Nachdem dieses Bild einige Sekunden steht, geht nun die zweite Person aus dem Bild, schüttelt sich aus, folgt ihrem Impuls und geht wieder ins Bild. So geht es immer weiter und neue Bilder entstehen. Nach einiger Zeit kommt eine dritte Person ins Bild und man macht die Übung mit drei Personen und dann mit vier, fünf, sechs usw. Die Grundregel lautet: eine Person verlässt das Bild und kehrt nach kurzer Zeit zurück. Sie gibt einen neuen Impuls hinein. Es ist darauf zu achten, dass wirklich nur mit dem Körper kommuniziert wird. Die verbale Sprache ist tabu.

Unser Abschlussritual bei den Proben im Kieztheater war die Übung „Die Blume". Eine wunderschöne Übung, um eine Probe oder einen Workshop ausklingen zu lassen.

Die Blume
Die Gruppe steht am Ende der Probe sehr eng im Kreis. Sie fasst sich an den Händen. Dann geben alle ihren rechten Arm in die Mitte des Kreises mit dem Daumen nach oben ausgestreckt. Danach wird der Daumen nach rechts gedreht und mit der Hand des Nachbars verbunden, indem die Hand des Nachbarn den Daumen um-

schließt. Alle rechten Hände sind jetzt in einem Kreis miteinander verbunden. Die Daumen sind wie in einer Hülle umschlungen von der Hand der Person, die neben einem steht. Dann kommt auch die linke Hand mit dem Daumen in den Kreis und dockt an die Hand des Nachbarn an. Beide Hände sind jetzt im Kreis. Und ganz langsam gehen die Hände nach oben und öffnen sich zur Blume.

Meine 5 Lieblingsspiele / Übungen im Kieztheater
Jens Clausen

Luftballon spezial

Ein gutes Aufwärminstrument sind Luftballons. Zwar haftet ihnen ein Hauch von Kindergeburtstag an, aber sie eignen sich auch für die Arbeit mit Erwachsenen. Und zwar aus zwei Gründen: sie ermöglichen Bewegungserfahrungen, ohne dass man sie als Körperübung ankündigen und anleiten muss. Das Bewegungsmuster von Luftballons ist chaotisch und dadurch bewegen sich die Teilnehmer sozusagen ganz natürlich. Zum zweiten eignet sich diese Übung auch um Menschen mit unterschiedlichem Bewegungspotential zusammen zu bringen (zum Beispiel jung/alt, sportlich/unsportlich, schnell/langsam). Stellen Sie sicher, dass der Raum eine geeignete Höhe hat und unterlegen Sie die Übung mit Bewegungsmusik, die einen auffordernden Charakter hat. Stellen Sie die Teilnehmer in Paaren zusammen. Jedes Paar benötigt einen ausreichenden Bewegungsradius. Bei der Paarzusammenstellung können Sie Menschen mit der gleichen Bewegungsdynamik oder bewusst konträre Paare oder Zufallspaare zusammenstellen. Die Paare sollen sich einen Luftballon zuspielen. Dabei soll vermieden werden, dass der Ballon den Boden berührt. Nach einem Zeitintervall stoppen Sie die Musik und fragen eine Teilnehmerin nach ihrem Vorschlag, mit welchem Körperteil der Luftballon berührt werden soll (zum Beispiel linker kleiner Finger, rechte Hand, Ellenbogen, Kopf, Schulter, Knie, Fuß usw.). Bei den Vorschlägen werden sich anstrengende und weniger anstrengende Vorschläge abwechseln. Sie können auf die Stimmung und Beweglichkeit der Gruppe eingehen, indem sie beispielsweise bewegungsfreudige und bewegungsunfreudige Teilnehmerinnen abwechselnd Vorschläge machen lassen. Sie können auch das Zeitintervall reduzieren, wenn die Gesamtgruppe überfordert ist. Das Stoppen der Musik ist jeweils das Zeichen für eine neue Aufgabenstellung. Die Beteiligung der Teilnehmer für die Vorschläge vergrößert deren Akzeptanz. Lassen Sie möglichst jede/n einen Vorschlag machen. Je nach Gruppengröße kann die Übung zwischen 10 und 20 Minuten dauern. Schlussrunde ist eine Freestyle-Runde. Jeder darf nun den Luftballon zuspielen, wie er es am liebsten mag.

Luftballons im Kreis

Wenn Sie die Luftballons bereits im Raum haben, können Sie diese Aufwärmübung später einbauen. Lassen Sie die Teilnehmer sich wie beim Volleyballübungsspiel in einer Runde aufstellen, bei zu großen Gruppen auch in mehreren Kreisen. Weisen Sie darauf hin, dass auch diesmal das Ziel darin besteht, die Luftballons nicht den Boden berühren zu lassen. Allerdings sollten die Teilnehmerinnen aufmerksam füreinander sein. In dieser Übung kann es leicht mal hektisch werden und übertriebener Einsatz könnte zu Zusammenstößen führen. Gerade die Kreismitte erfordert immer wieder schnelle Reaktionen und ist insofern immer „Zusammenstoßzone". Ernsthafte Verletzungen haben wir aber noch nie erlebt. Die gemeinsame Aufgabe, die Luftballons in der Luft zu halten, stärkt das Team und die Kooperation. Mit der Anzahl der Luftballons, die gleichzeitig gespielt werden, können Sie den Schwierigkeitsgrad beliebig verändern (3 bis 5 Ballons sollten in der Regel reichen).

Ein kleines Rezept für einen prikkelnden Forumtheaterabend:
Zur Zubereitung nehme man zuerst ein Handvoll aufbrausender Köpfe mit unterschiedlichsten Horizonten, von denen man anschließend 2 oder 3 pro Szene vom Rest trennt. Letzterer wird für später zurückbehalten und dient selber als 1. Testpublikum. Das ganze würzen Sie nun mit einem pikanten Thema erster Wahl und lassen dies gären bis sich ausreichend Zündstoff gebildet hat, um weitere 4 bis 5 Szenen zusammenzubrauen ... insgesamt über 3 bis 6 Monate verteilt. Zum Schluss das Gedankengebräu abschöpfen und direkt servieren, vorzugsweise in einem Saal im Kiez, gefüllt mit neugierigen Mitstreitern. Na dann, Prost!

Laurianne aus Frankreich

Elementarteilchen mit Luftballons

Diese Übung eignet sich, um die Scheu vor körperlicher Nähe zu verlieren. Das Erlebnis als Gesamtgruppe oder Riesenmolekül macht Spaß und lockert die TeilnehmerInnen auf.

Eine unterschiedliche Menge an Luftballons wird gebraucht (Paare: 1 Luftballon, Dreiergruppen: 2 Luftballons, Sechsergruppen: 5 Luftballons etc.). Man nimmt den Luftballon, um sich mit einer weiteren Person zu verbinden. Der Luftballon darf dabei nicht festgehalten werden. Er soll zwischen zwei Personen eingeklemmt werden. Es ist im Prinzip die gleiche Ausgangslage wie beim „Apfelsinentanz". Die Teilnehmer kommen sich näher, behalten aber noch ein wenig Abstand. Geben Sie den Paaren Bewegungsimpulse. Machen Sie diese Impulse möglichst konkret: schnell / langsam / andere Richtung / andere Bewegungsqualitäten, wie schwebend oder eckig etc. Musik kann hier wieder hilfreich sein, um tänzerische Bewegungen der „Elementarteilchen" zu motivieren. Von Sequenz zu Sequenz erhöhen Sie die Zahl der Personen, die zusammen ein „Elementarteilchen-Gebilde" bilden sollen. Achtung: manche Teilnehmer machen es sich leicht und bilden Kreise. Das ist zwar nicht falsch, aber interessanter sind andere „morphologische Strukturen". Das bringt letztendlich mehr Spaß. Nutzen Sie ihren Einfluss, um die Teilnehmer kreative Formen bilden zu lassen. Bringen Sie immer mehr Teilnehmer zusammen. Am Schluss soll die ganze Gruppe verbunden sein und sich gemeinsam bewegen. Aber Vorsicht, je größer die Gruppe, umso behutsamer muss sie sich bewegen, um niemanden zu verlieren. Noch immer darf ein Ballon nicht gehalten werden. Geben sie immer wieder Bewegungsimpulse zu den unterschiedlichen Gruppen und Gruppengrößen. Sie sollten ein paar Bewegungsvorschläge vorbereitet haben, um von Sequenz zu Sequenz variieren zu können. Die Nähe zum Partyspiel ist unverkennbar. Setzen sie diese Übung nur ein, wenn es gruppendynamisch passt.

Das „Status Laboratorium" zur Rollenfindung im Forumtheater

Der Begriff „Status" ist im Improvisationstheater das Synonym für Macht und Machtverhältnisse. Diese Übung ist gerade für Forumtheaterspieler geeignet, weil sie einen spielerischen Zugang zu in der Realität doch eher problematischen Erfahrungen ermöglicht. Normalerweise kennen die Forumtheaterschauspielerinnen den Realitätshintergrund einer gezeigten Szene. Vor der Folie dieser Erfahrungen sind sie meist in der Lage realistisch „Opfer" oder „Täter" darzustellen. Es ist immer wieder erstaunlich, wie Menschen, die Unterdrückung erfahren haben, perfekt die Rolle des Mächtigen kopieren können. Aber Machtverhältnisse sind auch gesellschaftlich bestimmt. In der konkreten Situation ist die Körpersprache entscheidend. Diese Übung soll einen lustvollen Zugang zu den beiden Rollen geben, indem zunächst ganz bewusst übertrieben und experimentiert wird. Wenn sie später mächtige oder ohnmächtige Rollen übernehmen sollen, müssen diese variieren. Eine mächtige Figur zu improvisieren, bedeutet immer das Verhältnis zu den anderen Figuren im Auge zu behalten. Der Abstand muss immer wieder neu hergestellt werden. Wenn man fremde Machtpositionen darstellen soll, kann diese Übung hilfreich sein und wenn die Zuschauspieler im Forumtheater einwechseln, sollten die Spieler in der Lage sein, ihren Status improvisierend zu verändern, als Reaktion auf die Interaktion der Zuschauspielerinnen.

Bitten Sie die Teilnehmer, sich in Paaren zusammenzufinden: hier könnten Sympathie oder Vertrauen beziehungsweise Sicherheit ein Auswahlkriterium sein, aber nicht notwendigerweise. Achten sie dabei auf die Gruppendynamik. Je freier und entspannter die Gruppe miteinander agiert, um so größeren Erfolg werden Sie mit dieser Übung haben. Die Paare sind im weiteren Verlauf der Übung notwendig. Jeder sollte sich seinen Partner merken. Erwähnen Sie, dass die Teilnehmer auch noch nach der Übung Freunde bleiben sollten. Sie sollten die Übung als Spielaufgabe ansehen und nichts persönlich nehmen. Alles geschieht nur nach den Vorgaben der Spielleitung. Der leicht ironische Ton in dieser Ankündigung führt oft zu Gelächter und Schmunzeln und erhöht natürlich die Spannung. Aber ein wahrer Kern bleibt, denn die Teilnehmer sollen Macht und Ohnmacht ausprobieren, ohne von gesellschaftlichen Normen des Miteinanders gebremst zu werden. Dazu muss man die Verantwortung für diese Übung ein Stück weit abgeben können. Bitten Sie die Teilnehmer, in der nun folgenden Sequenz nicht aus ihrer angenommen Rolle auszusteigen. Sie sollen nicht zwischendurch diskutieren, sondern sich ca. 7 bis 10 Minuten darauf einzulassen.

Spielbeginn mit Hoch- und Tiefstatus: Zunächst soll sich das Paar darauf einigen, wer zu erst den Tiefstatus beziehungsweise den Hochstatus einnehmen möchte. Die Entscheidung sollte während der ersten Spielsequenz nicht verändert werden. Dann bitten Sie alle Paare, sich zu trennen und zunächst alleine ohne Kontakt zu anderen Spielerinnen durch den Raum zu gehen. Wichtig ist, dass zunächst nicht miteinander improvisiert wird, auch wenn manche Spieler das gerne ausprobieren wollen. Zunächst bewegen sich also zwei Gruppen durch den Raum: die „Tiefstatusleute" und die „Hochstatusleute". Wir sprechen die Gruppen dann auch immer so an. In den folgenden Stufen werden den Gruppen körperliche Vorgaben gegeben, mit denen jeder Spieler für sich experimentieren soll. Einige Vorgaben klingen merkwürdig und fühlen sich in der Umsetzung seltsam an. Beobachten Sie die Teilnehmer und fordern Sie sie auf, zu übertreiben oder ihr Spiel zu reduzieren. Meistens trauen sich die

Spieler erst durch die verbale Unterstützung des Spielleiters, wirklich zu übertreiben. Der Fokus liegt auf dem Experiment.
Von der Theorie her möchte mit der Übung einen Prozess von außen nach innen vorantreiben. Von der körperlichen Übertreibung zum inneren Zustand, um so den Status physisch und psychisch in spielerischer Form zu erkunden. Alle bewegen sich durcheinander durch den Raum. Geben sie folgende Vorgaben nacheinander und lassen Sie zwischenzeitlich genügend Zeit zum experimentieren. Ziehen Sie aber auch keine Aufgabenstellung in die Länge:

Fußspitzen — Tiefstatus
Fußspitzen beim Gehen nach innen drehen, so dass ein „X-Bein-Gang" entsteht.
Hochstatus
Drehen Sie die Fußspitzen nach außen, so dass ein „O-Bein-Gang" entsteht. Denken sie zum Beispiel an Cowboys.

Augenkontakt — Tiefstatus
Wenn Sie Augenkontakt zu irgendjemand aufnehmen, brechen sie diesen Augenkontakt nach sehr kurzer Zeit wieder ab, um ihn dann wieder aufzunehmen.
Hochstatus
Halten Sie den Augenkontakt sehr lange, sogar länger als Sie es normalerweise tun würden. (Die Teilnehmer dürfen Blickkontakt aufnehmen, aber nicht mehr).

Lächeln — Tiefstatus
Wenn Sie lächeln, legen Sie die oberen Zähne auf die Unterlippe auf. Diese Art zu lächeln soll demonstrieren: „Beiss mich nicht, es lohnt sich nicht, mich zu beißen."
Hochstatus
Zeigen Sie beim Lächeln (wirklich) beide Zahnreihen. Das bedeutet: „Achtung ich könnte beißen."

Bewegungen — Tiefstatus
Ihre Bewegungen sind schnell, unspezifisch und hektisch.
Hochstatus
Ihre Bewegungen sind (sehr) langsam, zielgerichtet und effizient.

Gesichtsmimik	Tiefstatus
	Sie finden Gründe, warum Sie sich mit der Hand an Kopf und Gesicht fassen müssen und tun dies häufig.
	Hochstatus
	Sie bewegen den Kopf kaum, auch ihr Gesicht bleibt so unbeweglich wie möglich. Denken sie an Gary Cooper und seinen Film „12 Uhr Mittags": Sie befinden sich kurz vor einem Revolverduell.
Partnertreff	Nun treffen Sie ihren ursprünglichen Partner. Ab jetzt dürfen sie mit ihrem Partner sprechen. Stellen Sie sich vor, Sie wären Nachbarn (oder ähnliches).
	Tiefstatus
	Sie sprechen in kurzen Sätzen, die sie sogar vor Beendigung des Satzes abbrechen können „Ich möchte Ihnen das … Ich wollte Ihnen wegen … Also wegen der ….
	Hochstatus
	Sie sprechen lange und langsam in komplizierten Sätzen. Verwenden sie so viele Fremdwörter wie möglich.
Äh-Sätze	Tiefstatus
	Fangen Sie jeden Satz mit „äähh" an.
	Hochstatus
	Setzen Sie in jedem Satz eine lange Pause, die man mit „ääääh" füllt.

Psychologie des Statusspiels

Ab- und
Aufwertung   Tiefstatus
Werten Sie sich im Gespräch selbst ab. Beispiel: „Ich komme ja immer zu spät."
Hochstatus
Werten Sie sich im Gespräch selbst auf. Beispiel: „Dank meiner inneren Uhr bin ich noch nie zu spät gekommen."

Auf- und
Abwertung   Tiefstatus
Werten Sie den anderen im Gespräch auf. Beispiel: „Ich bewundere Sie, wie perfekt Sie ihren Terminplan einhalten."
Hochstatus
Werten Sie den anderen im Gespräch ab. Beispiel: „Ich hab noch nie erlebt, dass Sie einmal pünktlich sind."

Lassen Sie alle Teilnehmer die Rollen abschütteln und sich bei ihrem Partner bedanken, entweder für „brutale Dominanz" oder „perfekte Opferhaltung". Geben Sie, bevor der gleiche Vorgang umgekehrt ausprobiert wird, eventuell etwas Zeit zum Gespräch.

Statuswechsel

Lassen Sie zwei Spieler zu Statuen aufbauen. Der eine in einer Tiefstatushaltung der andere in eine Hochstatushaltung. Wenn beide Statuen gebaut sind und sich räumlich aufeinander beziehen, sollten sich beide Darsteller die jeweils andere Haltung einprägen. Eventuell muss dazu die eigene Haltung kurz aufgelöst werden. Der Hochstatus-Spieler erhält von den Zuschauern oder der Spielleiterin einen offenen, aber dramatischen Startsatz, zum Beispiel: „Warum erfahre ich das erst jetzt?" Die Szene wird gestartet. Die Spieler erfinden nun unter Rechtfertigung ihrer Starthaltung ihre Figur sowie ihre Beziehung zueinander. Hier gilt die Impro-Regel: alles Behauptete gilt und muss akzeptiert und gerechtfertigt werden. Ziel der Szene ist, dass am Ende die Hoch- und Tief-Positionen gewechselt sind. Wenn das inhaltlich geschehen ist, nehmen die Spielerinnen, gerechtfertigt durch ihr Spiel, die Startpositionen des Anfangs (eben nur umgekehrt) ein. Dann ist der Statuswechsel geschafft und die Szene zu Ende. Zwischen der Starthaltung und der Endhaltung bewegen sich die Spielerinnen normal. Die Spielerinnen sollten sich Zeit lassen, die

Vorgeschichte und ihren Konflikt in Ruhe zu entwickeln, bevor sie mit dem Statuswechsel beginnen. Meistens beginnt der Wechsel ganz organisch aus der Geschichte heraus. Die Schwierigkeit besteht in der Veränderung. Meistens fällt es leichter, sich von der Tiefstatushaltung zum Hochstatus zu entwickeln als umgekehrt.

Ein Szenenbeispiel in Dialogform:
> *„Warum erfahre ich das erst jetzt?"*
> *„Ich habe es nicht absichtlich getan, Papa."* (Nun ist die Rolle definiert aber nicht der Konflikt)
> *„Es war meine Lieblingsplatte!"*
> *„Ich weiß auch nicht warum sie mir aus der Hand geglitten und zerbrochen ist."* (Nun haben sie den Konflikt).
> *„Die gibt es nicht mehr, Sohnemann."*
> *„Ich mag auch Jazz."*
> *„Ich hab dir verboten an meine Plattensammlung zu gehen."*
> *„Seit ich 8 Jahre alt bin."*
> *„Und du weißt warum!"*
> *„Aber heute bin ich erwachsen und fast dreißig."*
> *„Du bist das dümmste, was ich kenne."* (so weit so gut – sie basteln an der Vorgeschichte).
> *„So etwas sollte kein Vater zu seinem Sohn sagen. Ich weiß selbst, dass ich anders bin."* (Aha, der mögliche Wechsel)
> *„Ich hab es nicht so gemeint. Ich bin sauer wegen der Platte."*
> *„Du magst mich nicht, weil du nicht mein leiblicher Vater bist."*

Es ist interessant, ob beide Spieler den Wechselpunkt bemerken. Der muss nicht nur sprachlich oder psychologisch erfolgen. Manchmal kann er auch über einen körperlichen Impuls eingeleitet werden. Wichtig ist es, diesen Wechsel organisch in Stufen und glaubhaft gemeinsam zu entwickeln. Diese Fähigkeit brauchen die Spieler auch in ihren Rollen im Forumtheater.

Szene: „Die Sendung mit der Maus" – Wie funktioniert Forumtheater? – szenische Erklärung der Forumtheatermethode für Kieztheateraufführungen

Jens Clausen und Harald Hahn

Für die Aufführung dieses Vorspiels benötigt Ihr die Erinnerung an die Kindersendung die „Sendung mit der Maus". In dieser Sendung gibt es immer Erklärungen komplizierter Fragen, wie: Wie kommen die Streifen in die Zahnpasta? Ausgehend von diesen legendären Erklärungsfilmen, in denen sich ein Sprecher mit einer frischen, neugierigen und Mut machenden Haltung an die Erklärung komplizierter Zusammenhänge macht, wird auf eine erfrischende Weise das Forumtheater erklärt. Zentrale Figur ist ein Erklärer oder eine Erklärerin. In unserem Kieztheater bestand die besondere Wirkung manchmal auch darin, die Erklärung zum Beispiel durch eine gebürtige Französin spielen zu lassen, die ihrem Vortrag durch ihren Akzent und die eine oder andere eigenwillige Wortumstellung eine besondere Note gab. Der Erklärer oder die Erklärerin sollte dem Publikum zugewandt sein, es direkt ansprechen und direkt anschauen. Der Vortrag sollte Tempo haben und unter dem Motto stehen: „Klingt kompliziert, ist aber ganz einfach!" Die Erklärerin tritt vor: Man kann an dieser Stelle, wenn es zum Rahmen passt, auch das Intro der Sendung mit der Maus einspielen oder andeuten. Allerdings sollte man das Publikum nicht mit „liebe Kinder" ansprechen oder eine Kopie der „Sendung mit der Maus" versuchen. Hier soll lediglich die

Handwerkszeug des Kieztheaters – „Die Sendung mit der Maus" – Wie funktioniert Forumtheater?

Erinnerung an diese Sendung angerissen werden. Sie richtet sich aber eindeutig an Erwachsene. Die Erklärerin beginnt mit dem Satz: „Was ist eigentlich Forumtheater? Das möchte ich euch heute erklären."

Danach beginnt sie, das Szenario des Forumtheaters zu erklären, wobei die von ihr beschriebenen Akteure (Zuschauer, Schauspieler) jeweils gespielt werden und im Moment der Erwähnung die Bühne betreten. Die Erklärerin wartet, bis sie ihren Standort im Aufstellungsbild erreicht haben.

„Im Forumtheater gibt es Zuschauer wie im richtigen Theater."
3-4 Personen als Zuschauer treten vor und setzen sich hin. Die Stühle sollten frontal zum Publikum aufgestellt vorbereitet sein.

„Im Forum Theater gibt es Schauspieler, die Euch etwas vorspielen."
2 Personen treten als Schauspieler vor und winken, sie sollten eine etwas stolze Haltung haben und in einem gewissen Sinne „auftreten".

„Das kennt ihr schon aus dem richtigen Theater. Und wie im richtigen Theater spielen sie dann eine Szene vor. Vielleicht so eine wie diese:"
Der eine Schauspieler zieht den anderen Schauspieler an den Haaren. Der erste ist stolz und schadenfreudig, der andere ist sauer und leidet. Dabei nutzen die Spieler den alten Theatertrick, bei dem der Angreifer dem Opfer in die Haare greift, das Opfer hält die Hand auf seinem Kopf fest, so das es so aussieht, als wolle es das Ziehen an den Haaren verhindern. In Wirklichkeit tut das Opfer aber so, als würde ein Kampf stattfinden und schreit dazu, während der Angreifer nur den Bewegungen folgt. Seine Hand liegt nur locker auf dem Kopf des Opfers und wird von diesem festgehalten. Der Täter darf in keiner Weise ziehen, muss aber ein aggressives Gesicht machen, als wären es seine Aktionen, die das Opfer bewegen. Das Opfer kann „Aufhören" oder „Lass los!" oder vor Schmerzen schreien.

„So etwas kennt ihr von Zuhause vielleicht auch. Aber was ist denn nun der Unterschied vom normalen Theater zum Forumtheater? Der Unterschied liegt hier:"
Die Erklärerin zeigt auf die „Zuschauer", die aber zunächst nicht reagieren.

„Im Forumtheater werden die Zuschauer gefragt, ob sie in der Szene mitspielen oder die Szene verändern wollen. Wenn die Zuschauer gefragt werden, ob sie mitspielen wollen, machen sie meistens erst mal gar nichts, sondern sie schauen in die Luft oder auf den Boden und tun so, als wären sie nicht da."

Diese Erklärung wird mit eindeutigen Gesten der „Zuschauer" untermalt. Wobei sie den Erklärungen folgen – in die Luft, auf den Boden blicken – bei „als wären sie nicht da" verstecken sie ihr Gesicht hinter ihren Händen.

„Warum das so ist, das wollen wir uns einmal genauer anschauen! Es gibt drei mögliche Erklärungen:"

1. *„Vielleicht fällt ihnen nichts ein, was sie in der Szene spielen könnten."*
Zuschauer: Geste keine Ahnung

2. *„Oder sie haben Angst, sich lächerlich zu machen, wenn sie mitspielen."*
Zuschauer: Auslachen

3. *„Vielleicht haben sie eine Mutter, die im Theater immer folgendes gesagt hat:"*
Mutter betritt die Bühne und droht den Zuschauern: „Im Theater muss man schön still sitzen und darf die ganze Zeit nichts sagen!" Das Publikum reagiert darauf. Es kann auch im Dialekt gesprochen oder wiederholt werden.

„Was es genau ist, wissen wir nicht. Aber irgendwann meldet sich dann doch noch jemand aus dem Publikum und spielt in der Szene mit:"
Einer aus der Zuschauergruppe steht auf, wechselt demonstrativ die Seite und geht zu den Schauspielern. Die restlichen Zuschauer applaudieren. Der Zuschauer wechselt in die Opferrolle der Szene. Hier das gleiche Ritual wie im Forumtheater: Begrüßen des Zuschauspielers, Hilfe beim Einnehmen der Ausgangshaltung etc. Doch diesmal tritt das Opfer den Angreifer, nachdem es an den Haaren gezogen wurde (Methode wie oben), dem Angreifer auf den Fuß. Dies sollte übertrieben und kraftvoll geschehen. Auch hier besteht der Trick darin, dass er neben den Fuß tritt, aber der Angreifer sofort mit Schmerzen reagiert und weghumpelt. Das Opfer, das sich dadurch befreit hat, nimmt eine Siegerpose ein.

„Und ob sich in der neuen Szene viel verändert hat und warum, darüber redet man im Forumtheater hinterher zusammen."
Die Zuschauergruppe sollte anfangen, heftig aber nicht negativ zu diskutieren, eventuell auch in einer Fantasiesprache.

„So funktioniert also das Forumtheater: Klingt kompliziert, ist aber ganz einfach!"

Zum Ausklang kann wieder die Mausmusik eingespielt werden.

Weiterführende Literatur
zu Theater der Unterdrückten / Forumtheater/ Improvisationstheater /
Stadtteil- und Gemeinwesenarbeit

Augusto Boal

Theater der Unterdrückten. Spiele für Schauspieler und Nicht-Schauspieler.
Suhrkamp Verlag, Frankfurt am Main 1989.
Der Klassiker der Boal Bücher. Als Einstieg sehr zu empfehlen. In der englischen Ausgabe sind mehr Übungen und Spiele vorhanden. *Games for Actors and Non-Actors,* Routledge 1998.

Regenbogen der Wünsche Methoden aus Theater und Therapie, Schibri 2005.
In diesem Buch finden sich spannende Techniken wie z.B. der „Polizist im Kopf", wo innere Konflikte theatralisch in Szene gesetzt werden. Auch eine Fülle von Probentechniken für das Forumtheater werden aufgezeigt.

Legislative Theatre: Using Performance to Make Politics, Routledge 1998.
Leider ist dieses Buch nicht in deutscher Übersetzung vorhanden. Es gibt einen Einblick in das Legislative Theater in Brasilien.
Die einzige Buchveröffentlichung in Deutschland zu Legislativem Theater ist von **Till Baumann**: *Von der Politisierung des Theaters zur Theatralisierung der Politik. Theater der Unterdrückten im Rio de Janeiro der 90er Jahre,* ibidem-Verlag 2001.

Forumtheater

Theater macht Politik: Forumtheater nach Augusto Boal von **Simone Odierna** (Herausgeber), **Fritz Letsch** (Herausgeber), München 2005.
Ein guter Sammelband über das Forumtheater, der sowohl theoretische Texte enthält, als auch Praxisbeispiele von Forumtheaterprojekten in Deutschland Auch konkrete Spiele und Übungen aus der theaterpädagogischen Arbeit mit dem TdU finden sich in dem Buch.

Weitere Artikel über das Forumtheater in Deutschland, befinden sich in dem Sammelband von **Helmut Wiegand:** *Theater im Dialog: heiter, aufmüpfig und demokratisch. Deutsche und europäische Anwendungen des Theaters der Unterdrückten,* ibidem-Verlag 2004.

Das spielt (k)eine Rolle! – Theater der Befreiung nach Augusto Boal als Empowerment-Werkzeug im Kontext von Selbsthilfe von **Thomas Haug**, ibidem-Verlag 2005.
Thomas Haug verknüpft die Methoden mit dem Ansatz des Empowerments. Ein gutes Buch für Menschen, die das TdU im Kontext von sozialer Arbeit einsetzen wollen.

Forumtheater in den Straßen Nepals – Emanzipation jenseits des Entwicklungsdiskurses? von **Anne Dirnstorfer**, ibidem-Verlag 2006.
Einen Blick über den Tellerrand gibt das Buch von Anne Dirnstorfer, die theoretisch das Forumtheater in die Diskurstheorie von Jürgen Habermas mit dem Fokus auf den „herrschaftsfreien Diskurs" verortet und gleichzeitig einen spannenden Einblick in die Forumtheaterpraxis in Nepal gibt.

Beim ibidem-Verlag gibt es neben den „Berliner Schriften zum Theater der Unterdrückten" noch weitere Bücher zum TdU: www.theaterderunterdrueckten.de.

Improvisationstheater

Keith Johnstone: *Theaterspiele – Spontaneität, Improvisation und Theatersport,* Alexanderverlag Berlin 1998. Ein Theaterpraxisbuch angelehnt an den Stil eines „Erfahrungsberichtes", wie ihn beispielsweise Stanislawski auch in seinen Theaterlehren angewandt hat. Die Beispiele und Gedankenspiele sind witzig, amüsant und angereichert mit anregenden Hintergründen zum Improvisationstheater. Wahrscheinlich sollte man die eine oder andere Übung schon mal gemacht haben, umso größer ist der Erkenntnisgewinn.

Viola Spolin: *Improvisationstechniken für Pädagogik Therapie und Theater,* Junfermannverlag, 5.Aufl., 1997. Ein weiteres eigenständiges Improvisationstheaterbuch, auch sehr praxisorientiert, voll mit strukturierten Übungen. Allerdings bedarf es nach unserer Einschätzung schon einiger Erfahrung mit Improvisation, um die dargestellten Übungen umsetzen zu können.

Weiterführende Literatur

Randy Dixon: *Im Moment – Theaterkunst, Improtheater, Reflexionen und Perspektiven*, Impulse/Buschfunk 2000. Vertiefendes und Grundsätzliches über das Improvisationstheater, dass sich an erfahrene Praktiker richtet.

Günther Lösel: *Theater ohne Absicht*, Impulse/Buschfunk 2004. Ein deutscher „Querdenker" zum Improvisationstheater.

Radim Vlcek: *Workshop Improtheater* Verlag J. Pfeiffer 1997. Ein Übungs- und Spielesammlungsbuch, das seines gleichen sucht, wenn man mal wieder eine Idee braucht.

im Internet:
http://www.theatreoftheoppressed.org
http://www.impro-theater.de
http://www.freire.de
http://www.ptoweb.org/index.php
http://www.legislatives-theater.de
http://www.nachbarschaftshaus.de

Stadtteil- und Gemeinwesenarbeit

Hinte, Lüttringhaus, Oelschlägel: *Grundlagen und Standards der Gemeinwesenarbeit*, 2007.

www.stadtteilarbeit.de
Hier findet man unglaublich viele Informationen, Literaturhinweise, Praxisbezüge, Themenfelder …

Autorenhinweise und Danksagung

Herausgeber

Jens Clausen

MA Theaterwissenschaft, Theaterpädagoge, Erwachsenenbildner und Theatermacher mit Schwerpunkt „Generationsübergreifende Theaterarbeit", Improvisationstheater und Biografietheater. Gemeinsam mit Harald Hahn Spielleiter des Kieztheater Kreuzberg und des Legislativen Theater Berlins. www.jens-clausen.de.

Harald Hahn

Dipl-Päd., Sänger, Radio- und Theatermacher mit Schwerpunkt „Theater der Unterdrückten" und „Politisches Aktionstheater". Gemeinsam mit Jens Clausen Spielleiter des Kieztheater Kreuzberg und des Legislativen Theater Berlins. www.harald-hahn.de.

Markus Runge

Diplom-Sozialarbeiter/-sozialpädagoge, Master of Community Development. Gemeinwesenarbeiter im Nachbarschaftshaus Urbanstraße e.V., Dozent an der Ev. Fachhochschule Berlin.
Zahlreiche Veröffentlichungen im Bereich Gemeinwesenarbeit, u.a.: Der Aufbau von brückenbildendem sozialem Kapital. Bereitschaft zu und Hindernisse von quartiersübergreifenden Austauschprozessen und Netzwerken. Neu-Ulm AG SPAK 2007.

Erfahrungsberichte

Tanja Pfefferlein

MA Theaterwissenschaft und Neuere Deutsche Literatur, Theaterpädagogin; seit 2007 Leitung Theaterpädagogik am ATZE Musiktheater Berlin; Dozentin für BITS21 Berlin; Schwerpunkt: Erzähltheater. Aktive Teilnahme am Kieztheater Kreuzberg von 2005 bis 2007.

Kristina Rahe

Dipl.-Päd., Bildungsreferentin für Kultur- und Medienpädagogik, derzeit Projektberatung im Themenfeld Jugendarbeit gegen Rechtsextremismus, leidenschaftliche Amateurtheaterspielerin.

Buchgestaltung und Grafik

Gerhard Fuhrmann

Fachschule für Typographie und Druck, Malereistudium an der UdK, Berlin. Werbeleiter im Buchhandel, seit 1987 freiberuflicher Grafiker und Kommunikationsdesigner, zunehmender Schwerpunkt „Staddteilarbeit und Gemeinwesen".

Wissenschaftliche Beiträge

Prof. Dr. Gerd Koch

Dr. phil., Dipl.-Päd., Professor für Theorie und Praxis der Sozialen Kulturarbeit (unter besonderer Berücksichtigung von Theater) von 1981 – 2006; wissenschaftlicher Leiter des Master-Studiengangs „Biographical and Creative Writing" an der Alice-Salomon-Fachhochschule Berlin; Vorsitzender der Gesellschaft für Theaterpädagogik e. V., Mitherausgeber: Zeitschrift für Theaterpädagogik/KORRESPONDENZEN;
Herausgeber zusammen mit Marianne Streisand: Wörterbuch der Theaterpädagogik. Berlin, Milow 2003;
Mitherausgeber: Differenz und Soziale Arbeit. Berlin, Milow 2003,
Theaterarbeit in sozialen Feldern/Theatre Work in Social Fields. Frankfurt am Main 2004,
"Können uns und euch und niemand helfen". Die Mahagonnysierung der Welt. Frankfurt am Main 2006.

Prof. Dr. Günter Rausch

Sozialarbeiter, Erziehungswissenschaftler, Gemeinwesenarbeiter und Sozialmanager. Seit 1974 in der Gemeinwesenarbeit in Theorie und Praxis engagiert. An der Evangelischen Hochschule Freiburg seit 1990 in der Lehre. Leiter des Masterstudienganges Sozialmanagement. Modulkoordinator im Internationalen Masterstudiengang Community Developement (MACD), Sprecher der Bürgerinitiative Wohnen ist Menschenrecht.

Lektorat

Harald Olkus
Buch- und Offsetdrucker, Studium der Kommunikationswissenschaften, Anglistik und Geschichte an der FU Berlin. Redakteur und Autor u.a. für den Tagesspiegel, die Internationalen Filmfestspiele Berlin, Online-Redakteur für das Haus der Kulturen der Welt, das Goethe Institut.

Und 1000 Dank an
unsere Liebsten, Karin Hofer, Karin Reindlmeier und Iwona Chwialkowska, die an vielen Wochenenden anstatt Zeit mit uns zu verbringen immer nur das Wort „Buchtreffen" zu hören bekamen.

Fotonachweis
Legislatives Theater, S.128, 132, 139, 142, 145: Peter Steudtner
Autorenhinweis, Harald Hahn, S.164: Simon Ramires Voltaire
Restliche Fotos / Abbildungen: Markus Runge, Gerhard Fuhrmann

ibidem-Verlag

Melchiorstr. 15

D-70439 Stuttgart

info@ibidem-verlag.de

www.ibidem-verlag.de
www.ibidem.eu
www.edition-noema.de
www.autorenbetreuung.de

www.ingramcontent.com/pod-product-compliance
Lightning Source LLC
Chambersburg PA
CBHW060342170426
43202CB00014B/2848